CULTURE AND NATURE TOURS IN NORTHERN TAIWAN

一日深遊北台灣

20條精選路線

葉言都——著　郭正宏——插畫

一日深遊北台灣
20 條 精 選 路 線

目次

苗栗 · 台中 · 南投

序曲

　　台灣如此值得旅遊，如此值得深度旅遊。

　　清晨，朝陽從太平洋的水平線上升起，金色的陽光開始灑向台灣島。陽光吻上玉山，它是台灣，也是東北亞的最高峰。這座標高3952公尺的山峰，在晨曦裡逐漸展露挺拔的容顏，向西方的峭壁拋出長長的陰影。陽光還沒有照到的山谷中，台灣特產的巒大杉森林頂上，一縷稀薄的白色嵐煙尚未散去。在玉山率領下，四方群山靜伏，萬木肅立，268座3000公尺以上的山峰正逐漸迎接陽光的訪問，冰斗、峽谷、火山、丘陵、溪流、湖泊、瀑布……隨即加入，陽光也由東向西，沿著台灣島上北回歸線一路伸展，這座島嶼醒來，等待新一天開始。

　　從玉山絕頂向東方看去，僅僅幾十公里之外，亞洲的陸地即告結束，一萬多公里廣漠的太

平洋正式開始。台灣東海岸的確曾經是亞洲大陸的最東緣，十多萬年前的冰河時期，海面下降，台灣與大陸以陸橋連接在一起，亞洲大陸的生物也由此來到台灣。台灣島上高度落差極大，各處氣候不同，從熱帶到寒帶區域俱備，各種亞洲大陸上的生物來到台灣後，都不難找到適合生存的地方，安居樂業。造就台灣的生物種類繁多，面貌各異。

可是大約一萬三千年以前，地球變暖，冰河消失，海水上升，台灣再度成為島嶼。從此島上的動物、植物四面被海洋環繞，再也無法回家，更不能移到別的地方去，只得在島上自行發展。

台灣島上的台灣獼猴，就是一個典型的例子。台灣獼猴是個生物學上的「特有種」，意思是說這種猴子全世界只產於台灣，別的地方沒有。更極端的例子是台灣鱒，或稱櫻花鉤吻鮭。這種僅產於台灣第二高峰雪山附近溪流中的寒帶魚，是全世界鮭、鱒類分布最南邊的一群孤兒。牠們的祖先也是在冰河時期移入台灣，誰知後來氣候變暖，台灣河流下游的水溫升高，鱒魚無法通過，就只得認命，自行在台灣的高山溪流中過完一生，代復一代，變成「陸封」型的特有種了。

在人文的領域中，地理位置同樣帶來對台灣

政治、經濟、文化的影響，造成台灣在世界地緣關係上的基本格局。台灣的歷史只有四百多年，並不算長，但變化多端，帶來各種各樣的人文景觀，薈萃在這裡。

試想，亞洲大陸上的人群或勢力若向海洋發展，進入太平洋，會先到台灣；同樣的，來自太平洋海上的勢力若向亞洲大陸發展，伸入亞洲大陸，也會先到台灣。由於亞洲大陸是世界最大陸塊，大地產生大國，世界最強大的陸權勢力一向產生於此，世界最強大的陸權一旦向太平洋發展，對台灣的影響與衝擊極大。同樣的，由於太平洋是世界最大的海洋，必然是世界最強大的海洋強權才能稱霸太平洋，世界最強大的海權一旦向亞洲大陸發展，對台灣的影響與衝擊同樣極大。

另一方面，以熱帶亞洲為基地的勢力若向北方發展，希望立足溫帶東亞，會先到台灣；來自溫帶東亞的勢力若要向熱帶發展，將東南亞納入勢力範圍，還是會先到台灣。由於溫帶與熱帶環境不同，資源不同，物產不同，市場也不同，故對溫帶或熱帶強權而言，另一個地區都具有強烈吸引力。台灣既然有北回歸線通過，遂成為東亞溫帶與熱帶的分野與往來的必經之路，勢必也會受到溫帶與熱帶亞洲強權的影響與衝擊。

台灣因此可以稱為東亞的十字路口，有其因地緣而來的歷史命運，這是台灣歷史的基本背景，探索、研究、討論台灣史時永遠不可忘記，從事台灣旅遊，在台灣各地探訪歷史古蹟、人文景點時，也應該先有這種背景認識。當然，就因為如此，現今在台灣能夠探訪到的歷史古蹟與人文景點，雖然存在時間都不能說很久，也是多采多姿，面貌各異。

　　看來已經很明顯了。台灣面積不算太大，歷史不算太長，卻被自然與人類塞進太多太多的內容。是的，如果用一個詞來形容台灣，「多樣性」當為首選。這樣一個地方，值得我們通過旅遊來認識，通過深度旅遊來瞭解。

　　帶著對台灣自然環境與人文背景的基本認知，您已經具備在台灣從事深度旅遊活動的素養與條件。面對一個充滿多樣性的島嶼，本書在書末附錄的〈行前須知與準備工作〉，提供在台灣旅遊必要的資訊、應有的準備工作與需要注意的事項，供您在行前預先取得做好。

　　一趟成功的旅遊應該有深度，也有廣度。深度來自對目的地的深度理解與現場體認，廣度則來自行程中兼具可以欣賞的自然景觀與人文景觀。

　　基於此項原則，就讓我們在台灣的旅遊從

島的北部開始，以這本書介紹一批符合此種標準的台灣北部一日旅遊路線。這些路線是以大都會區為出發點，大部分交通方式為自行駕車、騎機車或包租遊覽車，也列入一些適合採用大眾交通工具的路線，二者合計共 20 條。以下提供的行程，大致不列入大家耳熟能詳的景點如台北 101 大樓、陽明山公園、淡水老街、野柳、礁溪溫泉等，如果行程中納入大眾比較熟悉的景點，也會賦予它新的旅遊意義。

　　我們的行程，即將展開。

路線 **1**

碧海、奇岩、黑金之旅

這趟旅遊以大台北地區為出發點，從台灣北部的海岸、島嶼探訪到河谷、礦山，看海、看岩、看河、看山，沉浸在歷史情懷中，看盡這個區域的美麗與光輝、燦爛與沒落，還有重生的希望。

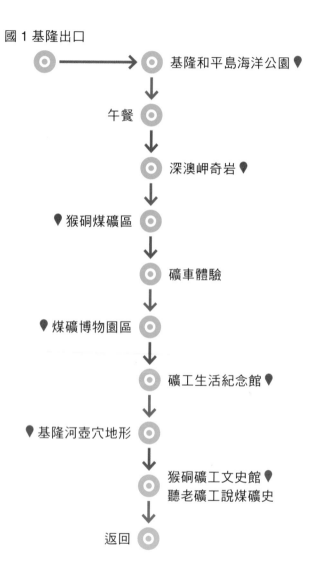

國 1 基隆出口

→ ◉ 基隆和平島海洋公園

午餐 ◉

◉ 深澳岬奇岩

◉ 猴硐煤礦區

◉ 礦車體驗

◉ 煤礦博物園區

◉ 礦工生活紀念館

◉ 基隆河壺穴地形

◉ 猴硐礦工文史館 聽老礦工說煤礦史

返回 ◉

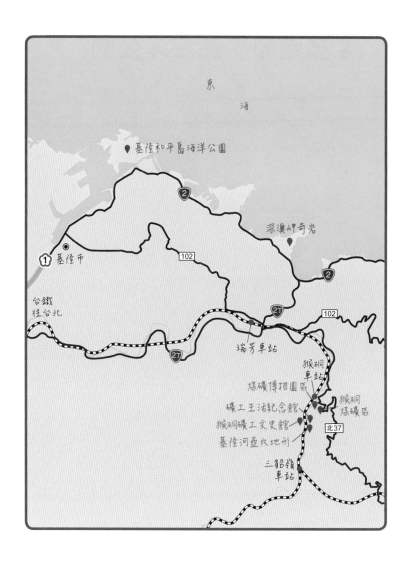

東海

● 基隆和平島海洋公園

2

深澳岬奇岩
●

1 基隆市 ●

102

2

台鐵
往台北

27

102

27
瑞芳車站

猴硐
車站
煤礦博物園區
礦工生活紀念館
猴硐礦工文史館
基隆河壺穴地刑
猴硐
煤礦區
北37

三貂嶺
車站

基隆和平島海洋公園

穿過基隆市熱鬧而狹窄的街道，就可以抵達這座以海洋為主題的公園。它坐落和平島北岸，與港都的繁華、擁擠近在咫尺，卻背山面海，獨擁大自然，看盡潮起潮落，人世滄桑。

自然環境

和平島古稱社寮島，是基隆港航道東邊的一座小島，距離台灣本島極近，以稱為「八尺門」的狹窄海溝相隔，海洋公園在和平島北岸。這座小島受潮汐影響很大，乾潮時陸地面積 11.57 公頃，滿潮時只剩 7.71 公頃，沿岸海水侵蝕劇烈。

和平島基本由土黃色的軟質砂岩構成，其中夾雜棕褐色的硬質砂岩，經過長期海水侵蝕，軟質砂岩消失較多，硬質砂岩消失較少，便形成蕈菇狀的岩石，稱為「蕈狀岩」。另有大片帶有十字形節理（破裂紋路）的沙岩岩層，經海浪侵蝕後，抵抗力弱的節理被挖深，遠看就像一大片傳

統的板豆腐，稱為「豆腐岩」，都靜靜在這裡等待我們探訪。和平島提供的偉大地質景觀，不遜於野柳。

公園中有步道，沿山壁而建，長度與坡度都有限，適合大眾行走。短短的幾百公尺可以飽覽地質景觀，遠望基隆嶼，近看驚濤拍岸。頂點還有一座涼亭，可稱是天、地、水三界的節點，小坐於此，天人合一之感，油然而生。

這裡面對的是東海，屬於亞熱帶氣候，海底礁岩密布，還有沉船，造成各種海生動物的優良棲息環境，海洋的生產力很高。和平島到基隆嶼之間是良好的海釣場，可釣獲白帶魚、黃雞魚等，若有興趣嘗試船釣，可至八斗子碧砂漁港查詢。公園主要建築的下方，有幾座人工開鑿的潮池，與外海相通，經常游來不同的魚類，雀鯛、河魨等都可以在岸邊看到；但因並無欄杆，觀賞時必須小心腳步。

人文環境

　　和平島的歷史就快滿 400 年了，是台灣史上
獨特而精采的篇章。

基隆和平島海洋公園

1624 年：荷蘭人入侵台灣，占據台南附近，建立殖民地。

1626 年：西班牙人急起直追，從菲律賓呂宋島派出艦隊，沿台灣東海岸北上，繞過三貂角（西語 Santiago 聖雅各之音譯），沿台灣北海岸向西航行，抵達此處。西班牙人將社寮島占領，在島上建築堡壘，稱為「聖薩爾瓦多城」，並以此為基地，向台灣北部發展，曾沿淡水河進入台北盆地，形成與荷蘭人南北對抗之勢，等於將台灣瓜分。

1642 年：荷蘭人出動艦隊，攻打台灣北部的西班牙殖民地，西班牙戰敗，退出台灣，社寮島等地歸屬荷蘭。

1661 年：鄭成功從廈門出兵攻台，荷蘭人戰敗求和，退出台灣；但有少數荷蘭人不甘失敗，逃至社寮島繼續抵抗。

1662 年：鄭成功去世，其子鄭經繼位。

1668 年：鄭經派兵北上，驅逐社寮島殘餘的荷蘭人，荷蘭在台灣的勢力完全消滅。荷蘭人放棄

社寮島這個最後的據點時，炸毀聖薩爾瓦多城堡，並在島上一處海蝕岩洞中刻下一些荷蘭文字。原刻文字早已消失，這座和平島一處山崖上的洞卻仍稱為「蕃字洞」。

1683 年：清朝康熙皇帝出兵攻台，擊敗鄭氏海軍，鄭經之子鄭克塽投降，此地隨之歸屬清朝。

清朝統治後期：西方勢力進入中國沿海，清廷建設基隆附近成為海防要地。

1884－1885 年：中法戰爭，法軍曾占領基隆一帶，包括此地。

1895：甲午戰爭中國戰敗，割讓台灣給日本。日本非常重視基隆港，和平島仍是海防要地。

日本統治期間：和平島建有造船廠，也有不少琉球漁民來此居住。日本大舉開採金瓜石的金礦、銅礦，為運輸礦石，曾修建水湳洞（今東北角海岸陰陽海邊）至和平島八尺門的窄軌輕便鐵路，行駛五分車，也兼營客運，一直營運到 1960 年代。筆者就讀初中時到基隆旅遊，還曾乘坐過。

八尺門水道靠本島的一邊，有十多棟民宅將後牆漆成各種鮮豔的顏色，就是新興景點「正濱港口彩色屋」。一排彩屋倒映海水，號稱有義大利威尼斯之風，其影像已經進入無數手機、相機之中。

深澳岬奇岩

深澳岬是東北角海岸上一處向東北凸出的小半島，又名「番仔澳」。地名的由來，一說是因深澳岬岩壁上那座巨大的「印地安酋長頭像」奇岩而得名，另有一說是因此地曾為平埔族居住聚落，所以稱之為「番仔澳」。從歷史的角度看，後者較為可信。

深澳岬為砂岩構造，經多年海水與風的侵蝕，形成各種奇妙的形狀，最有名的有兩處：

「印地安酋長頭像」位於深澳路 189-5 號後方的一處岩壁，側看很像一位印地安人的側臉，給人堅毅而飽經風霜的感覺，因此得名；其實就地

猴硐煤礦區

質學的角度看，不也是如此？

　　岬角西北側是斷崖，經海浪沖刷，奇岩密布，其中有一處巨型岩塊中間被海水掏空，只剩上方，呈天然橋狀，看似大象以長鼻吸水，稱為「象鼻岩」，為深澳海邊第一勝景。造訪此地需登一小山，爬上山坡，象鼻岩就在眼前。這附近懸崖高聳，底下海浪洶湧，海水迴旋，景色雄偉無比；但地形險峻，請小心腳步，依照指示行走，切勿太靠近懸崖，以免危險。

猴硐黑金的昨日與今日

　　煤稱為黑金。

　　台灣北部煤礦，係以基隆河上游為中心，從瑞芳延伸至菁桐坑，猴硐附近是主要礦區之一。「猴硐」之名，來自早期當地上方山壁岩洞中有猴群聚居。這裡從清朝統治後期開始產煤，日本統治時期煤業盛極一時，戰後繼續發展，出產仍多，附近也住有許多礦工及眷屬。但 1960 年代煤

業開始衰退，到 1980 年代初期，台灣連續發生數次大規模煤礦災變，損失慘重，導致全面禁採，各地煤礦區也迅速沒落。

在此種背景下，猴硐一度極為落寞，淪為宜蘭線鐵路上一個不起眼的小站。然而隨著休閒活動需求的增加，猴硐昔日與煤礦生產有關的場所與設施，如運煤橋、瑞三礦業選煤廠、日本神社、金字碑古道及猴硐火車站等，逐漸成為觀光旅遊的景點。當地政府為展現猴硐煤礦歷史風華，規劃建設猴硐煤礦博物園區。後來網路上流傳當地貓的照片，稱猴硐為貓村，造成轟動，猴硐近年遂轉趨熱門，成為北台灣觀光必到之處。

煤礦博物園區內以「願景館」介紹猴硐煤業的歷史，包括相關的人、事、物。此處前身為瑞三煤礦選煤廠倉庫，附近廢棄殘破的工廠遺址，就是當年的選煤場。電影《女孩壞壞》中女主角阿丹家的國術館即是在願景館側門；《築夢的麵包店》也在此取景。

距離願景館約 1 公里處是「礦工生活紀念

館」，陳列當年與礦工工作、生活相關的文物，介紹礦工生活實況，還可至礦坑口憑弔一番。基隆河對岸，猴硐的另一處礦坑現在開放洞口的一小段，可付費搭乘礦車巡禮一圈，體驗礦區環境與採礦工作。

近年昔日在猴硐煤礦中打拼的老礦工們有感於歲月不居，承載著國家經濟發展與他們自己青春歲月的煤礦故事，即將湮沒在歷史洪流中，特別整修猴硐煤礦的一些舊房舍，開辦「猴硐礦工文史館」，帶來家藏的舊資料、舊工具、老照片等，舉辦展覽，並親自導覽。這是保存台灣礦業記憶刻不容緩的工作，筆者向這些同齡的老人致敬，鄭重推薦他們原汁原味，極為親切，也極為難得的解說。

▊ 基隆河壺穴地形

基隆河沿線多砂岩河床，加以水流湍急，夾帶堅硬的鵝卵石向河床雕鑿，造成許多圓形如茶

壺的小坑洞，稱為「壺穴」地形，猴硐附近非常發達。在礦工生活紀念館外步道上，就可以俯覽著名的基隆河壺穴地形景觀；而旁邊自從採煤停止後，原來被煤礦廢水染成烏黑的河道，已經恢復為青綠色。追懷往事，百年黑金，恍如一夢，令人面對舊日的勞苦、危險、成就與繁華，感觸無邊。

基隆河壺穴地形

東北角岩岸、古蹟、田園之旅

這趟旅遊以大台北地區為出發點,穿過長長的雪山隧道,迎接東北角海岸的太平洋、東海與台灣島最東點,然後進入宛轉美麗的雙溪河谷,探訪寧靜的雙溪小鎮,徜徉於蓮花田間小徑,浸沉在這個區域的壯麗、細緻、幽雅、古風中。

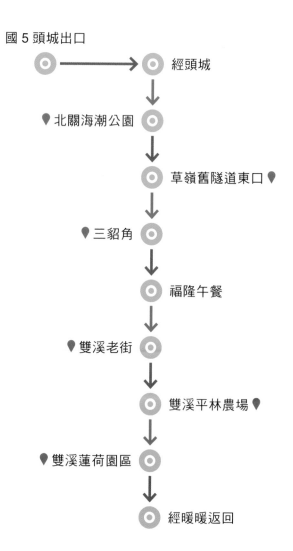

國 5 頭城出口

經頭城

北關海潮公園

草嶺舊隧道東口

三貂角

福隆午餐

雙溪老街

雙溪平林農場

雙溪蓮荷園區

經暖暖返回

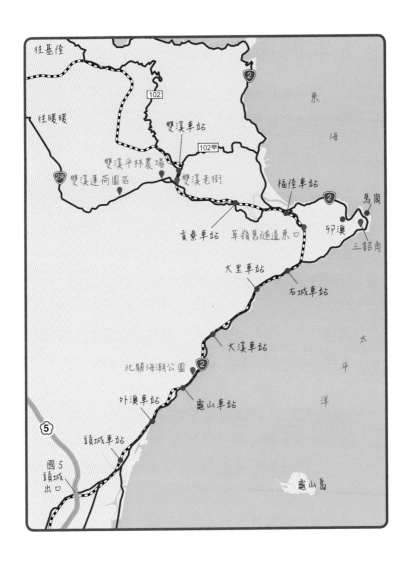

往基隆

往暖暖

102

2

東

海

雙溪車站

102甲

雙溪平林農場

2丙
雙溪蓮荷園區

雙溪老街

福隆車站

2

馬崗

貢寮車站   草嶺舊隧道東口

卯澳

三貂角

大里車站

石城車站

大溪車站

太

北關海潮公園

2

平

外澳車站   龜山車站

洋

5

頭城車站

國5
頭城
出口

龜山島

北關海潮公園

蘭城鎖鑰扼山腰，雪浪飛騰響怒潮；
日夕忽疑風雨至，方知萬里水來朝。
—— 清　烏竹芳

　　漢人移民墾殖蘭陽平原開始於 1790 年代，領袖是漳州人吳沙。移民走上草嶺古道，翻越雪山山脈，從北向南進入宜蘭，建構一系列聚落，第一個就是頭城，二城以下接著紛紛建立。1875 年（清光緒元年）宜蘭設縣，初步完成漢化。當時頭城以北，雪山山脈腳下的海濱設有關卡，駐防軍隊，以保護行旅，查緝走私，防止盜匪進入宜蘭，稱為「北關」。過去宜蘭的地方官與仕紳評選「宜蘭八景」，「北關海潮」即為其中之一。

　　今日北關的關卡已經蕩然無存，海邊的潮汐、浪花、奇岩卻依然存在，於是「北關海潮公園」應運而生。公園位於頭城鎮北方東北角沿岸，園內礁岩林立，到處是經過千百萬年海浪沖

刷而成的單面山、豆腐岩、小海岬等地形，在大海、巨岩與山壁之間，設有階梯迴欄、步道和涼亭。步道小徑依地勢蜿蜒而上，穿越雙岩夾峙的一線天，通往公園最高處的觀海亭。登臨此處遠眺，可一覽蘭陽平原、龜山島的容貌，體會太平洋的廣漠無垠；近看則驚濤拍岸，白浪衝擊，氣象萬千，景色壯麗。此處的樹木因海風強勁，多橫向發展，樹不高而覆蓋面積廣大，別有姿容。公園裡還立有兩尊古砲，據說是清代嘉慶年間（1796－1820年）鑄造的古物，斜指海上，砲身斑駁，為北關更添古意風情。

北關岸邊海景無敵，每當漲潮時刻，巨石嶙峋，海濤洶湧，浪花飛騰，是拍攝壯闊大海景的上佳攝點，龜山日出更是攝影迷不可錯過的主題。鐵道迷在這裡也有驚喜，步道頂端可以觀看火車在山海之間呼嘯而過，從區間車到普悠瑪號一應俱全。

北關海潮公園

草嶺舊隧道

雪山山脈的最北段因東北季風強烈，山頂無樹，只有雜草叢生，故稱為「草嶺」。日本統治時期修築宜蘭線鐵路，開鑿草嶺隧道，全長 2167 公尺，為紅磚襯砌的單線鐵路隧道。隧道西北口上方立有「制天險」門額，表示地形之險惡，東南口則為「白雲飛處」門額，都由當年的日本總督府高官題字，刻石為匾。膾炙人口的台灣民謠〈丟丟銅仔〉中提到的火車山洞，其實就是此處，歌曲傳唱迄今，成為宜蘭的代表歌謠。

後因經濟發達，交通繁忙，單線鐵路不敷使用，鐵路局於舊隧道西側另建雙線電氣化行車的新草嶺隧道，舊草嶺隧道遂封閉閒置近 20 年。東北角海岸風景區設立後，將這條舊鐵路隧道整修改建，供自行車與步行通過，對外開放。舊草嶺隧道以鐵道博物館概念設計，保存被燃煤機車頭噴出煤煙燻黑的洞頂砌石、瓷製電線礙子等，照明燈具也採用復古式油燈燈罩造型，都充滿濃濃

古老風味。隧道穿越新北市及宜蘭縣，隧道中央有縣市交界的立牌，遊客可以在地底穿越縣市，別有風情。隧道內冬暖夏涼，走起來十分舒適，而當火車經過旁邊的新隧道時，還可聽到隆隆的火車聲在身旁不遠處呼嘯而過，是難得的經驗。許多鐵道迷陶醉於此，譽為欣賞台灣鐵路必到之處。

三貂角

　　台灣本島海岸的最東端，是一處遍布岩石的岬角，位於新北市貢寮區福連里與宜蘭縣頭城鎮石城里之間，也是太平洋與東海的分界線。雪山山脈在此升出海面，海岸地形複雜，多礁岩、海蝕平台，為觀光與海釣的熱門地點。公路下方狹小的平地有一處社區，稱為馬崗，是台灣島上最東北的居民點，附近海邊養殖九孔，為東北角海岸著名海產。

　　1626 年，西班牙遠征艦隊從菲律賓呂宋島出發，沿台灣東海岸北上，轉過台灣最東北端的頂

草嶺舊隧道東口

點時，將此地稱為「Santiago」（聖地牙哥，聖 ・ 雅各），相傳並曾於此建立聖地牙哥城堡。此西班牙語地名後被台灣人以台語轉譯成「三貂角」，因而留名至今。三貂角依照當地原住民巴賽語的發音則為 Ki-vanow-an。

三貂角地區的雪山山脈為單面山，東坡非常陡峭，西坡較為平緩。附近的山崖上建有三貂角燈塔，登臨展望，右眺太平洋，左觀東海，視野遼闊無比，使人心胸舒暢，而龜山島則以另一副面貌，展現它多樣的姿容。

▌卯澳石頭古厝

三貂角由單面山構成，東邊太平洋一線海岸，以無垠的汪洋、寬廣的海蝕岩棚和背後陡峭的山勢，構成陽剛之美；西邊靠東海的另一線海岸，則提供一泓小小的卯澳灣、奇形怪狀的岩石、疏疏落落以柏油覆頂的傳統民宅和遠方北海岸嫵媚的天空線，是溫柔婉約的代表，呈現陰柔

秀麗的面容。

卯澳是三貂角西側海岸上的一個小灣，海岸邊有一小型聚落。這裡因為黏土難覓，海邊則岩石甚多，以致傳統民宅別樹一幟，建築材料全無土埆，少用紅磚，而就地取材，以石頭為主。砌石工法與一般閩南聚落用石方法類似，採用平行砌、人字砌、亂石砌等，但其建築石材多樣，有經過琢磨的長方形火成岩，也有直接採集、未經雕琢的海岸珊瑚礁岩，混雜堆砌，整體呈現出樸拙之美。

當地有一棟用石塊砌成的百年以上古宅，居然是二層樓建築，稱為「吳家樓仔厝」，早年曾作為碾米廠、商行，見證卯澳漁村風光歲月。這棟樓房石造構件與石砌工法又很特殊，房屋四個角落有八個槍眼，還有民宅少見的火型山牆及石雕太陽圖騰，可見是當年富戶所居。此樓遺跡現在開放，值得參觀以體驗過去當地人的生活。

福隆

　　福隆位於雙溪出海口，因此其海水浴場分為外海、內河二處，十分特殊。街區內可租腳踏車，一路騎行於山丘田野間，最後進入舊草嶺隧道一遊。若想在此停留一晚，則大飯店與露營區兼備，也甚具情調。

雙溪小鎮

　　離開福隆後左轉進入 2 丙公路，溯雙溪河谷而上。此段道路風光秀麗，河谷蜿蜒曲折，沿途會經過遠望坑路口，是健行草嶺古道的必經之地，又經過吉林產業道路口，則是往桃源谷的必經之處。越過雙溪四次後，遇到 Y 字形岔路取右線，再右轉過橋就進入雙溪小鎮。

　　小鎮是新北市雙溪區的街區所在，雙溪與其支流牡丹溪匯流處，過去為雙溪流域的人口與商業中心，有宜蘭線鐵路經過，雙溪鄉出產的農產

品、煤、汞礦等由此運出。多年來雙溪鎮區變化不大，保留台灣北部小鎮原貌不少，成為尋幽探祕的景點。鎮內最大的一間廟宇是「三忠廟」，奉祀南宋末年的三位忠臣文天祥、陸秀夫、張世傑，在台灣極為少見。原來南宋末年，不願投降蒙古的趙宋宗室和效忠他們的部下逃至福建山區隱居，閩南地區因此保存對宋末忠臣的尊敬與信仰，並隨移民帶到台灣，落腳在雙溪，可謂難能可貴。1895 年馬關條約簽訂後，日本出兵接收台灣，日軍由北白川宮能久親王率領，登陸今日核四廠外的鹽寮沙灘，當晚進軍到雙溪，曾在此住宿，也是雙溪在台灣史上保有的另外一頁。

小鎮靠雙溪的一邊有一條短短的老街，保存石造古厝、傳統中藥鋪等，氣氛閒適幽靜；牡丹溪的橋邊還有一座古老的打鐵鋪，門前掛滿鐮刀、鋤頭、耙子等手製鐵器，有時還會出現老鐵匠師傅燃起煤炭火，叮叮噹噹打鐵的場面，彷彿時光倒流，幾疑置身古代。

雙溪老街

雙溪平林農場

這是雙溪鄉一處親子休閒農場，背山傍水，占地廣闊，有步道可供登高健行；花園內種植大批蜜源植物，吸引蝴蝶聚集，在庭園中小坐品茶飲咖啡，春夏時蝴蝶飛舞身旁，安閒舒適。農場內經常舉辦體驗自然與農村活動，並可用餐、住宿。

雙溪蓮荷園區

在雙溪鄉台2丙公路旁，有一處荷塘蓮池之鄉。此地本來種稻，近年農業觀光興起，當地農民就在此改種大片荷花、睡蓮、大王蓮等，成為北部重要的花卉景點。夏季荷花盛開，踏上小徑，穿梭於荷花之海間，荷香馥郁。有時遇上午後雷陣雨，不妨改為欣賞荷塘雨景，雨後荷葉上露珠晶瑩滾動，另有特色。來此賞花、攝影之餘，也可買到雙溪鄉的各種農產品，然後沿路續

行，穿越一段長隧道至平溪區，再穿越一段長隧道，出暖暖而歸。

◉ 附註說明

頭城公路旁的芋冰有名，一杯三球，有幾種口味可選擇搭配。

從蘭陽博物館前右轉至烏石港，為龜山島旅遊的必經之地，事先登記後，可從此上船遊島。

2 號省道沿線的大溪漁港停靠近海漁船眾多，以新鮮漁獲著名，魚市場沿碼頭邊伸展，頗具特色。

本行程預定在福隆午餐。福隆鐵路便當馳名多年，當地的大飯店、海鮮店、小吃館皆供應午餐，可自行選擇。福隆以西，若不走 2 丙公路，也可沿 2 號省道繼續前行，經過鹽寮日軍 1895 年登陸處、鼻頭角、瑞濱等地返回。

深戲三貂角

> 穿過長長的隧道就是雪國了。黎明的天空開
> 始發白，火車在信號站前停下來⋯⋯

這是川端康成《雪國》一書的開場白。短
短幾句話，營造出從暗黑到明亮，從揚棄到發現
的濃冽氣氛。然後，火車停下，期待的事即將發
生⋯⋯

不記得有多少次了，每當我坐上宜蘭線鐵
路東行的慢車，鑽出福隆站以東那條長長的隧道
時，都不禁默念起川端的名句。然後，火車在小
小的石城站停下。我步出車站，照例右轉，面向
東北，左擁雪山山脈，右擁太平洋，一條岩石嶙
峋的海岸線，從眼前伸展出去，就是三貂角了。
我期待的，即將在這裡找到；或許，這裡根本就

是我的期待。

　　台灣東方太平洋的海底，是地殼板塊推擠傾軋極為激烈的地方。地底的動盪傳到表面，使台灣成為一座排滿山脊的島嶼。最北的一條，在海中潛隱醞釀一段後，終於在北緯二十五度多一點，東經一百二十二度少一點的地方冒出水面。它從此以堂堂之勢，對著西南方步步高升而去，直到苗栗縣泰安鄉和台中縣和平鄉交界處的雪山主峰，一個 3884 公尺高的地方，才告滿足。人類給這條偉大山脊取的名字，是雪山山脈。

　　雪山山脈乍離水面的最初七公里左右，一脈獨行，兩邊都是海水，歲月還沒有老到在它身旁沖積出平地。於是這條漸行漸大的山脈，便在這裡形成一個楔形的半島，底端大約等於福隆到石城的連線，尖頂則成為台灣本島最東的一點，東海和太平洋在此分界。地理位置既然如此特殊，它也免不了背上一個人類給的名字：三貂角。

　　然而三貂角這個名字，並非來自今日台灣島上的居民。它是由遠在另一個大洋邊的一群人，也就是大西洋畔的西班牙人給的。依照他們的語言作更精準的音譯，那是聖‧雅各（Santiago）角。

通常我探訪三貂角，或者聖‧雅各角，是以石城為起點。這裡是它的南岸尾端，大山逼海，中間幾乎沒有平地。太平洋的海浪，在此可以不分晝夜的吻上雪山山脈的岩基，全無海灘的緩衝，岩石中比較柔軟的部分，在濤去濤來中逐漸放棄抵抗，投身大海；剩下堅硬的頑固分子，不為海水所動，任憑如雪浪花覆滿全身，年復一年。

山海相連，糾葛不清，岸邊每條石縫、每個岩洞裡都浸進海水，挺拔的山勢，又保證這些縫洞裡的海水夠深。潮汐來往，水勢迴旋，活動的水帶來鮮活的生命。岩石上有海髮絲、腳白菜等海藻，造成灰赭色岩面上的片片綠帶；岩下的海水裡，水生動物紛紛進駐，構建出連綿不絕的海洋社群。於是，對水生動植物感興趣的陸上動物，包括我在內，被吸引到這裡。

許多人到三貂角海岸是帶著釣竿或蛙鏡去的，我二者都試過。在岩石上的日子，把精心設計的釣組，也可以說是陷阱或騙局，滿懷希望的拋進肉眼無法看透的大海，耐心等待釣竿尾端的悸動，來證明自己對海的理解正確、運氣也夠好。在淺嘗水世界邊緣的時候，則把自己習慣在

空氣裡存在的身心浸入水中，貪心的欣賞另個世界的絢爛景色。我在三貂角釣魚的經驗絕好，黑毛、白毛、鸚哥、寒鯛、笛鯛、薯鰻等各色魚種，都曾被我用一根纖細的釣絲騙上岸來，充分滿足了這個陸上動物對海中世界的好奇心與征服慾。浮潛的經驗雖不多，卻留下一次永難忘懷的記憶：一隻生活領域遭到這個笨拙陸上動物侵犯的海膽，毫不猶豫的將一枚尖刺釘入我腿裡，使那次莽撞的水中行在哇哇大叫中迅速劃下句點。三貂角的海，畢竟不可輕侮。

　　三貂角的海中世界如此多采多姿，令我這樣的人夢牽魂縈，一去再去，是有特殊道理的。一個功利為先或者任務在身的人，如果有必要沿台灣海岸線自西徂東或由東往西，都會對這個地方心存遺憾，甚至深惡痛絕。不論在海上行船或岸邊走路，這半島突入海中的形勢，使繞道成為必需。而繞道意味著時間的延長、成本的增加和沿途不可預測的狀況。當1626年沿台灣東海岸向北航行的西班牙殖民者在終於轉過這個岬角時，必然有「總算看到福爾摩沙另外一面」的輕鬆。十九世紀拓墾的漢人在選擇進入宜蘭的路線時，

寧可翻越雪山山脈，也不願逐三貂角海岸而行。今日台北、宜蘭縣界上的草嶺古道，就是前人捨棄三貂角海岸路線的存證。到了日本人登上台灣舞台的年代，在修築宜蘭線鐵路時，東洋技師一仍舊貫，他們花下大工夫鑿穿雪山山脈，卻不讓鐵路傍三貂之海而行。宜蘭民謠〈丟丟銅仔〉的出現，正表示三貂角的不受社會主流青睞，其來有自。

不論西班牙帝國、大清帝國、日本帝國或國民政府以及它們治下的子民，對台灣的動機與手段有何差異，他們都有一個共同的目的：開發。不同的開發在台灣烙下各種各樣的印痕，只有像三貂這樣的所在，因為本身沒有什麼可開發的，又不便經過它開發別的地方，於是未開發前的原貌奇特的保留下來。我有機會一面喝著三貂角魚湯，一面為肉裡那枚三貂角海膽刺傷腦筋，正是老莊哲學「無用之用」在三貂角的具體表現。

然而歲月不居，島上的開發逐漸趨於極致。當汽車增多到北宜公路的九拐十八彎無法消化時，三貂角上當年那條破破爛爛、坑坑窪窪的土石單線公路，也就開闢成北宜間第二條柏油大道

的一部分了。過去我清晨在石城下火車，沿著那條可憐的公路健行一段，釣一會魚，十幾公里路大概要花上整個白天，才能在暮色四合中趕到福隆。今天北部濱海公路上風馳電掣的汽車中人，這段路只要十幾分鐘就走完了。

十幾分鐘當然不能跟一天比，走馬是看不出花有多美的。三貂角太平洋一線海岸，以無垠的汪洋、寬廣的海蝕岩棚和背後陡峭的山勢，構成陽剛之美，不把自己直接暴露於其間，難以領會；對面靠東海的另一線海岸，則提供一泓小小的卯澳灣、奇形怪狀的岩石、疏疏落落以柏油毛氈覆頂的傳統民宅和遠方北海岸嫵媚的天空線，是溫柔婉約的代表，其秀麗的面容，也必須腳踏實地，親身探訪，才能瞭解究竟。至於陰陽之交的岬角本身，山上矗著一座燈塔，海邊躺著幾窟九孔養殖地，顯示人類在此地活動的狀況，作為一個島上的居民，似乎也該瞭解一二。今天三貂角已經被用來通行汽車，無用之用少掉一些，但趕路者眾，駐足者寡，仍然有一部分無用保持原狀，可以與之欣然相處。

曾經有一次，我一個人來到三貂角的頂點。

我走下公路，在愈來愈窄的岬角上前進。小路盡頭是布滿大塊岩石的海岸，我小心翼翼的從一塊岩石移動到另一塊，直到立足於露出水面的最後一塊石頭上為止。那是一個初冬的下午，天氣正由溫暖轉向陰寒，冷鋒面帶來一波東北季風的先頭部隊，開始接觸到台灣。在台灣島陸地的東北角最前線迎風面海而立，我確認自己是第一個遇上這波東北季風登陸台灣的人。

可以感覺到冷空氣從耳朵兩旁激烈流過，我正以身體作為雪山山脈一個卑微的陣前小卒，和這座偉大的山脈一起切開偉大的東北季風。我衣褲振動，口鼻裡灌進大把帶著鹹味的空氣，每根頭髮都像被氣流梳理過。在這台灣本島極東的一點，風、雲、山、海、浪、石；冷鋒雲系、東北季風、太平洋、東海、雪山山脈；西班牙、清朝、日本、國民政府留下的痕跡；和我自己，匯聚在一起。這裡，是三貂角，全台灣只有在這裡，才有這種機會。

其實當天我在那塊石頭上停留的時間很短。任何還有一絲理智的人，面對著愈颳愈強的風和逐漸湧上的浪，都會匆忙撤退的。我那次的行為

不足為訓，也不應效法；倒是近來看到美國作家黛安‧艾克曼（Diane Ackerman）的書《心靈深戲》（*Deep Play*）後，我終於領會自己為何鍾情三貂角，還跑到它最後一塊岩石上的原因：三貂角的原始自然風貌，把熱愛自然的我吸引過去；而它的極端，使我渾然忘我，也極端起來，非到達它的頂點不可。請看艾克曼書前序文中的幾句話，道盡我深戲三貂角的心理情境：

> 我保持警覺，但也因狂喜而恍惚。我的心情參雜了清澄、狂熱、全神貫注和驚嘆。在這清醒的恍惚中，我其實正享受震撼心靈的遊戲形式……

（按，此文寫於 2002 年，曾發表於《中國時報 人間副刊》）

路線 3

台灣島最北端
風海石藻交響曲

台灣島北海岸在金山、三芝間向北方突出，其間又延伸出兩個小岬角，東邊一個稱為富貴角，為台灣島最北點，西邊一個稱為麟山鼻，擁有台灣最發達的風稜石景觀。本行程以此兩處岬角為目標，將一探台灣島最北端的真面貌，飽覽難得一見的海岸自然與人文風情。

行程

62 號快速公路
西端出口轉台 2 線　　→　石門洞 📍

📍 老梅綠石槽

富貴角遊憩區 📍

午餐

麟山鼻步道 📍

三芝
（可休息、下午茶）

南瓜隧道（有季節性）📍

經淡水附近返回

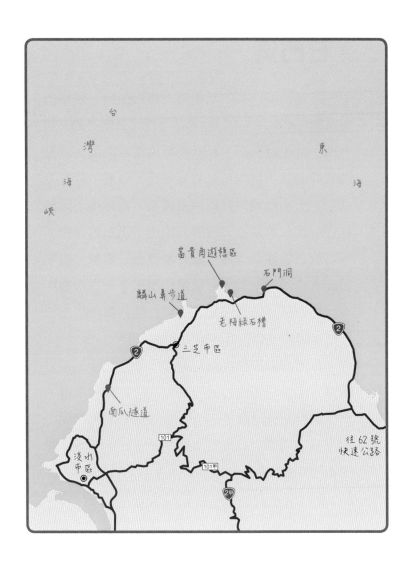

台灣海峽

東海

富貴角遊憩區

石門洞

麟山鼻步道

老梅綠石槽

三芝市區

2

南瓜隧道

2

101

往62號
快速公路

淡水區

101甲

2甲

石門洞

　　新北市石門區的地標是一座海蝕洞，或稱海蝕拱門，名為「石門洞」。這座就在公路邊的天然石門，高十餘公尺，是長期經由海水與風化侵蝕造成的洞穴。洞內可見岩層堆疊，各層中都含有細砂、火山噴發的碎屑以及礫石，大小不一，混雜在一起，應該是豪雨導致山崩，土石流挾帶各種石塊與沙沖到海邊，混合堆積而成岩層。後來被海水侵蝕與地殼上升雙重作用影響，在岩層中形成海蝕洞。地層繼續上升，抬高到海面以上，洞遂未繼續遭受海水沖刷而保留下來。

　　石門洞內白沙鋪地，混雜大量貝殼沙，色彩斑斕，細看造型也各有巧妙。洞旁有階梯步道，可以登上洞頂的觀景平台欣賞海景。旅遊至此，視野為之開闊，心胸為之開朗，還上了一堂地質學與地形學的課。

老梅綠石槽

　　富貴角半島東邊基部是老梅海岸，老梅石槽地形即在此處沙灘上。這裡的沙灘夾雜一段火山岩，海水順著岩層節理侵蝕，造成許多與海岸垂直的石溝槽，總長將近 2 公里，平均深度大約 50 公分，適合海藻類附著生長。海藻的一生過完後，殘骸留在石槽上，體內的石灰質硬化成薄層，下一代的海藻就附著在這層石灰質上，繼續展開新生命，如此一生一死不停地循環，經過無數歲月，終於累積成這片藻礁。每年 3 月中旬到 5

石門洞

月上旬，藻類繁殖，覆滿溝槽，形成大量平行的綠石槽，在清明節前後到達高潮。此時來到老梅海岸，只見白沙碧海之旁，藍天白雲之下，一段段鮮綠的石槽鋪陳開來，在潮起潮落，海浪沖刷之間綠得耀眼，色彩對比強烈，令人難忘。

▎富貴角遊憩區

富貴角是北海岸的一座突出海岬，岬角最前方是台灣島的最北點，附近山崖上，台灣島最北的一座燈塔坐落於此。對於已經到過台灣島最東點三貂角的人來說，富貴角不容錯過。

現在富貴角北端整建成公園，設有富貴角步道，沿海岸線而行，可以見到老梅的海灣、海岸沙丘等地形。路邊的樹木受強風長年吹襲，形成順風向橫著長的風剪樹。每年 4－5 月間，沿路台灣原生種百合開放，雪白的花瓣外側有六條紫紅或赤褐色條紋；百合花季過後，5－8 月間天人菊盛開，又是一番花景。步道通往富貴角燈塔，這

座八角形燈塔，塔身漆成黑白平行相間的條紋，窗櫺與門皆為木造，典雅樸拙，已開放參觀。燈塔旁道路可通往富基漁港。

老梅綠石槽

麟山鼻步道

　　約 80 萬年前大屯火山群的竹子火山爆發，熔岩流溢入海，造成一座小岬角，突出於海岸，即為麟山鼻。這座半島由節理發達的安山岩構成。當地東北季風強烈，東邊又是白沙灣海灘，經年累月東北季風挾帶砂粒，吹襲琢磨著這裡的岩石，逐漸形成平坦的風蝕面。風向一旦改變，琢磨的角度隨之變動，許多石塊因此變成帶有幾個平滑面，交界處則是尖銳的稜角，稱為「風稜石」。台

麟山鼻步道

灣的風稜石以北海岸最多，而麟山鼻東岸又最具代表性。

環繞麟山鼻海岸線設有步道，一般從東岸起步，立刻進入風稜石的領域。石塊體積碩大，可以接近觀察，細細觸摸，感覺這種安山岩、東北季風與白沙共同製造的地質奇景。轉過岬角頂端，進入西岸後，景觀為之一變。只見腳下岩石外是大片淺灘，步道上盤根錯節的榕樹長成拱門狀，風力明顯減弱。每當傍晚，夕陽餘暉映照如鏡的海面，神祕而美麗。步道結束於一座小漁港，港區西側又是沙灘，設有約 600 公尺的木棧道，兩旁木麻黃、海檬果樹林立。電影《不能說的秘密》中那幕男主角護送女主角回家的場景，即在此拍攝。

▌南瓜隧道

台灣鄉間普遍種植南瓜，有些地方搭起大棚讓瓜蔓攀爬，南瓜成熟時由棚頂一顆顆垂下來，

稱為南瓜隧道，北海岸 2 號公路旁，三芝與淡水交界處就有一處。每年 5－6 月間，南瓜成熟，表皮或金黃或墨綠，大量懸垂在棚裡，附近花朵鮮豔，蔬菜碧綠，一片富饒的農村景象。當地農民在此招呼參觀，出售農產，城市居民來此莫不大開眼界。實際上淡水附近出產南瓜甚多，農會還會一年一度舉辦南瓜節，在淡水捷運站廣場由淡水、三芝地區農民挑選栽種的南瓜來比賽，或許南瓜有此潛力，可以成為淡水山區代表性的農產。

⊘ 附註說明

石門鄉的青山瀑布景色清幽，夏季探訪，暑氣全消。

三芝到淡水間也可以選擇 101 號市道，如此將經過北新庄、天元宮一帶，沿途的田園風光頗值得欣賞，適宜非南瓜產期。

基隆港東西兩岸懷古行

基隆港水域呈大致南北向的長條形，港區因此分為東區與西區，這就造成在軍事防禦上，港區兩邊還有頂端都必須設置砲台，因此基隆港附近舊日的砲台密布，為台灣軍事史上的重要區域。這趟行程將探訪當年拱衛基隆港的兩處砲台與軍營，在這些古老的軍事設施中，回憶台灣曾經歷過的戰爭歲月。又為旅程氣氛的平衡，下午將來到以浪漫著稱的情人湖，在愛情的氛圍中結束。

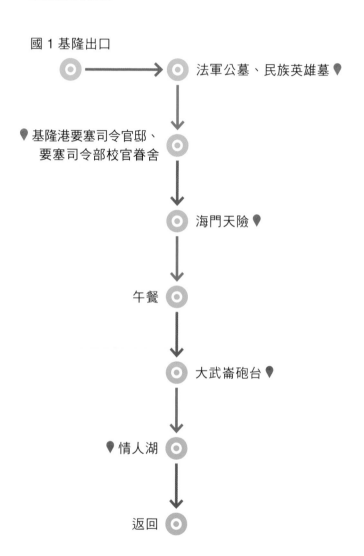

國 1 基隆出口

法軍公墓、民族英雄墓

基隆港要塞司令官邸、
要塞司令部校官眷舍

海門天險

午餐

大武崙砲台

情人湖

返回

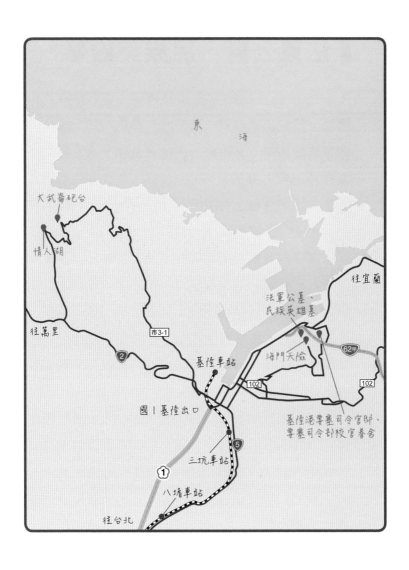

法軍公墓、民族英雄墓

在 1884－1885 年的中法戰爭中，基隆成為戰場，還被法軍占領一段時間。戰爭期間大清帝國與法蘭西第三共和國的將士在基隆、淡水與澎湖拚搏，雙方都犧牲慘重。1885 年雙方停戰議和後，法國為紀念在戰爭中陣亡的將士，在今基隆中正區二沙灣中正路旁興建墓園，稱為法軍公墓。墓園內計有 9 個墓碑及 1 個文字碑，材質為花崗石或砂岩，墓碑為法文，有十字架或圓圈形圖案。今日砂岩墓碑已風化且有斷痕，還一度遭人破壞 6 塊，後經勉強修復，成為今日的樣貌。墓園旁另有 1909 年日本政府所建、1954 年中華民國政府所建的紀念碑各一座。

民族英雄墓位於法軍公墓附近，1885 年戰後，中國政府與民間收集戰死的清軍及義勇軍遺骸，埋葬於此。日本統治時期因興建馬路被拆除，當地仕紳又建「清國人之墓」，又被摧毀，直到二次大戰後，中華民國政府才再度重建紀念

碑，改稱「民族英雄墓」。

　　一場戰爭，兩所墓區，幾代的政治變動，面對殘留至今的幾塊墓碑，能不為歷史沉重與荒謬的一面，傷感沉吟？

民族英雄墓

基隆港要塞司令官邸、要塞司令部校官眷舍

法軍公墓附近這小小的區域，還有兩處如今已整修完成的木造日式房屋古蹟，在小坡上的是基隆港要塞司令官邸，對面路邊平地上的是要塞司令部校級軍官眷舍。

日本統治時期，商人流水伊助於 1921 年在基隆經營公共馬車業務。不久汽車在台灣推廣，乃改制為基隆乘合自動車株式會社，加入經營，稱為「流水巴士」，即現在基隆市公車的前身。流水社長的自宅位於法軍公墓對面的小坡上，階梯兩旁的欄杆和圍牆皆使用洗石子裝飾，是當時先進的工法。二次大戰後，鑑於原基隆要塞少將司令的官邸因遭砲擊損毀，司令部官邸就搬遷到流水社宅。後來此職位裁撤，這棟房屋成為李氏住宅，又經嚴重損毀階段，近年才整修開放。

要塞司令轄下的單位首長都是校級軍官，他

基隆港要塞司令官邸

們的住宅就在司令官舍對面，自成小區，如今也已整修完成對外開放。

▌海門天險

　　清朝統治時為防備基隆港，在二沙灣建有砲台，原址在今日要塞司令部校級軍官眷舍旁邊。1841 年鴉片戰爭時，英國軍艦曾攻擊基隆港，但被鎮守二沙灣砲台的清軍擊退。1884 年中法戰爭爆發，法軍攻打基隆港，激戰中二沙灣砲台被炸毀，也被法軍占領。戰後台灣首任巡撫劉銘傳鑑於二沙灣扼守基隆港對外通道，地位重要，在二沙灣上面的山坡另建新式砲台，聘德國人監工，裝置德國克魯伯廠大砲，完成此防禦北台灣的門戶的要塞，並在營門口題字「海門天險」，後因此得名。

　　海門天險要塞沿山而建，規模頗大，分為營盤區和砲座區。砲座區如今仍然保留完整，登臨其上，基隆港盡收眼底，想起當年戰況，有一夫

當關之感。

大武崙砲台

　　基隆港以西也有幾座砲台，以大武崙砲台規模最為宏大，保存最為完整。此砲台為日本統治時期所建，位於大武崙外木山區頂部，外圍有馬道與子牆，構成環繞砲台的防禦體系。內部分為營房區、砲盤區和稜堡外垣三部分。營房又有兩種，一是從山壁上鑿出的洞窟式營舍，避彈功能較佳，為長官宿舍及辦公室；士兵則住於其外長方形的營舍中，其房舍屋頂已全部坍塌，遺留石砌的牆壁及拱形的門窗，可以推想當時狀況。另一邊還有蓄水池。砲盤區二處，位於營區西北與西南方，每處各有兩尊大砲，以控制基隆港西方的海面，砲盤區都配置稜堡、彈藥庫、避彈壕溝等。面海的一線為觀測區，也挖有壕溝。

　　大武崙砲台建構完整，自成防禦體系，進入參觀，不妨假設自己是設計者，推想如何使這座

大武崙砲台

砲台更加堅固實用。老實說，如果在飛機投入戰爭以前，沒有防空考慮的時代，我能想到的極為有限。

情人湖

　　這是基隆大武崙山區中的一座小型水庫湖泊，匯集六條山澗而成，湖面大致成 Y 字形，有幾處水灣叉港，原稱五叉埤，後來在救國團的活動中被稱為情人湖，從此得到這個浪漫的名字。

　　湖區有兩條步道，環湖步道沿湖而建，是內環步道，沿途經過風車、情人吊橋等景點；外面另有迂迴曲折於山腰中的環山步道，較長一些，是外環步道，沿途有老鷹岩、觀景平台等景點。沿步道而行，林木青翠，湖水碧綠，游魚可數，水鳥、彩蝶和高空中的黑鳶都不難見到。老鷹岩在山頂稜線上，由此望去，外木山海灘、大武崙澳底漁港都在腳下，基隆嶼、野柳海岬及協和發電廠的大煙囪也全部映入眼簾。觀景台為黃色岩

石所建，高聳於樹海之上，是另一制高觀景點，又因塔形容易讓人聯想到西方中古的堡壘、童話中公主的城堡等，會使來訪的青年男女頓生王子公主之感，因此被取名為情人塔。

環湖步道有岔路可登上大武崙砲台。湖區入口處靜態陳列 CT271 號蒸汽機車頭，保持良好，火車迷不可錯過。情人湖景區擁有如此眾多而容易親近的美景，故有基隆的後花園之稱。經過古戰場、舊堡壘後來此，心情為之放鬆，精神也得到調劑，此次旅程因此變得平衡。

⊙ 附註說明

基隆港附近砲台甚多，若對軍事史有興趣，可以將本次旅遊尚未到達的排定行程，一一探訪，計有：白米甕砲台、獅球嶺砲台、槓子寮砲台、社寮島砲台、頂石閣砲台。

陽金路上遇見
火山、礁嶼、蓬萊米

站在台北市開闊處向北方眺望，一排青翠的山嶺構成天際線，就是大屯山區，火山林立。這個區域自然與人文景觀都極為特殊、豐富，距離台北不遠，翻過山還可以到達北海岸，其旅遊資源的深度與廣度，讓人目不暇給，滿溢一日行程。

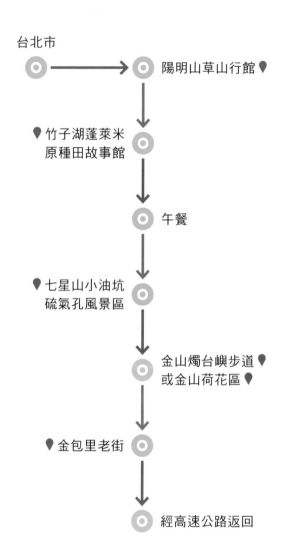

台北市 → 陽明山草山行館 ♥

♥ 竹子湖蓬萊米
原種田故事館

午餐

♥ 七星山小油坑
硫氣孔風景區

金山燭台嶼步道 ♥
或金山荷花區 ♥

♥ 金包里老街

經高速公路返回

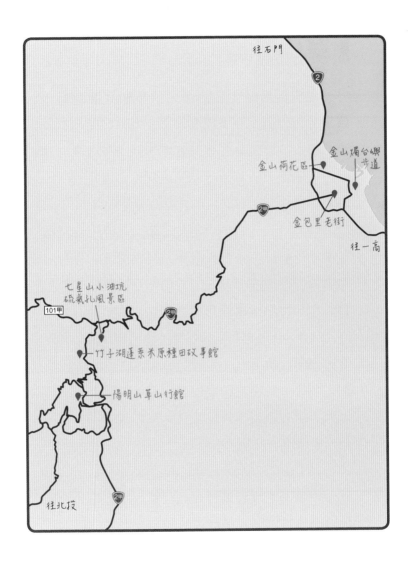

往石門

往一高

往北投

金山荷花區

金山燭台嶼步道

金包里老街

七星山小油坑硫氣孔風景區

101甲

竹子湖蓬萊米原種田故事館

陽明山草山行館

▎草山行館

　　陽明山地區舊名草山，山勢兼具雄偉與秀麗，海拔較高，夏季涼爽，又有溫泉，從日本統治時期起，就是休閒療養聖地。區內有不少老建築、特殊建築，草山行館又是其中命運特別的一座。

　　1920 年，台灣製糖株式會社為招待當時還是皇太子的日本裕仁天皇到台灣視察，在今日陽明山後山公園入口處向南的山坡上，興建一處招待所作為行館。這座行館總面積 4,275 平方公尺（1,293 坪），為典型日式建築。原內部空間分為穿堂、大廳、會客室、書房、臥室、主臥室、起居室、客房、廚房、中庭與露台等。行館外面大樹參天，遠眺山下，景色不凡。裕仁來台時，曾在此短暫停留，但時間未超過 2 小時。

　　1945 年行館被中華民國接收，1949 年 12 月，中華民國政府遷台，此行館成為當時的中華民國總統官邸，也是蔣中正總統在台灣的第一個

陽明山草山行館

住所。1950年士林官邸完工後，蔣中正、蔣夫人便搬離此地，草山行館則改名為「夏季避暑行館」，另稱「草山老官邸」或「後山官邸」。

　　2002年底，草山行館登記為歷史建築，台北市政府文化局將此處規劃為文化藝術活動中心，委託佛光人文社會學院經營管理，於2003年4月5日正式對外開放。不料行館於2007年4月7日遭火災焚毀，研判為人為縱火。災後台北市文化局將其重建，於2011年12月30日正式對外開放，內部有展覽場，並附有餐廳。若能了解這棟建築的歷史後來此參觀，當深深感到歷史的洪流，是如何地不捨晝夜，當年的臥龍躍馬，苦心經營，縱火洩憤……都於今安在？

　　草山行館與中山樓之間另有祕密防空洞，主體為砲彈型建築，深埋地下約14公尺，由文化大學建築系第一屆系主任盧毓駿建築師設計，於1954年完工。此防空洞可以在戰時作為總統之臨時辦公處所，並設計三個出入口，供人員進出，號稱「地下總統府」。

竹子湖蓬萊米原種田故事館

　　這是一處與台灣農業發展息息相關的紀念館，位於竹子湖道路的入口處右方。日本統治時期原為「臺北州七星郡竹子湖蓬萊米原種田事務所及其倉庫」，作為竹子湖蓬萊米原種田耕作管理、穀種集中、分配發送等業務的運作中心，始建於1923年，1928年落成。

　　日本統治台灣後，發現台灣原產的在來米不合日人口味，故積極研究將日本米種引入台灣。日本農業專家選定竹子湖設置種植日本型稻的原種田，1921年栽種成功，後逐步推廣。生產的稻穀於1926年經台灣總督命名為「蓬萊米」，以有別於台灣本土品種的「在來米」，從此台灣的米文化展開歷史的新頁。

　　蓬萊米黏度高，是台灣歷年外銷米種中口碑甚好的一種，曾大量輸出至日本，在台灣也被用

來釀製米酒。日本統治時期，台灣蓬萊米大量輸往日本或賣給在台灣的日本人食用，價格較好，農民種植的意願較高，還曾影響到台灣甘蔗種植面積與蔗糖產量，稱為「米、糖相剋」；同時壓縮到日本原產稻米的市場，導致日本農夫上街抗議，是為「米騷動」。

2009年，台北市政府文化局公告「竹子湖蓬萊米原種田事務所」為歷史建築，2015年成立「竹子湖蓬萊米原種田故事館」，開放參觀。開幕典禮中台灣大學農藝學系謝兆樞教授將復育成功的蓬萊米古穀種，日本的「中村」種贈予故事館。這一批種子共50顆，來自日本國立遺傳研究所，經台灣大學悉心培育，終於在2014年2月，有3顆沉睡30餘年種子甦醒發芽。

▎竹子湖

是位於七星山、大屯山與小觀音山之間的一個窪地。距今約五十餘萬年前，七星火山爆發，

熔岩流四溢，將窪地出水口堵塞，形成堰塞湖，火山活動噴出的火山灰，也陸續於窪地中堆積。後由於風化侵蝕作用，將堵塞水路的岩層切穿，形成缺口，湖水流出盆地，湖泊沼澤窪地也逐漸乾涸。乾涸後湖底沉積物含有豐富的礦物質，土壤十分肥沃，加上附近火山區不斷噴發硫氣，病蟲害較少，故適合耕種。竹子湖過去以蓬萊米的故鄉聞名，現今以種植高冷蔬菜與盆栽花卉著稱，成為台北近郊欣賞海芋、繡球等花卉之休閒精緻農耕區，有許多餐廳可供遊客選擇。

七星山小油坑

　　陽明山國家公園內的大屯火山群火山峰甚多，為台灣島上火山最密集之處。最高峰七星山，海拔 1120 公尺，是一座層狀錐形火山，由數層安山岩、凝灰岩及火山碎屑岩等組成，火山口不明顯，最高處有幾座小峰頭，因此得名。七星山當年噴發時，溢出的熔岩流分布範圍極廣，遠

七星山小油坑

及士林芝山岩附近，形成許多熔岩台地，如中國文化大學就位於山仔後台地上。

現在七星山是休眠火山，過去的噴發口仍有後火山活動，持續小規模噴出高熱的二氧化硫氣體與水蒸氣，聞起來接近臭雞蛋。最大的噴氣孔地區有兩處，稱為小油坑、大油坑。小油坑就在七星山主峰腳下，附近有大量小型噴氣孔、硫黃結晶、溫泉及壯觀的崩塌地形。走在此處的步道上，只見旁邊地上許多孔穴不斷吐出硫氣濃煙，草木不生。步道終點可以觀賞火山噴發帶來的崩塌地形，為陽明山國家公園內著名地質景觀區。在此行走一圈，衣鞋上可能沾染硫礦氣息，是十分獨特的旅遊經驗。

小油坑海拔約 805 公尺，為七星山登山口之一，附近有停車場、販賣部。此地屬於風口，東北季風期風勢強勁，大樹難以生長，故四周被茂密低矮的箭竹叢圍繞，也是獨特的植被景觀，箭竹筍則是陽明山地區的特有菜餚。

金山燭台嶼步道

　　金山位於基隆至淡水海岸的中點附近，（北）磺溪由此入海，街區的東北側有一個小半島伸入海中，稱為金山岬。半島頂端的步道，就是享有大名的燭台嶼步道。

　　燭台嶼是金山外海中的顯礁。它本是金山岬的一部分，後因板塊運動與海風、海水侵蝕，與岬角分開成為礁岩，其下方基部也逐漸貫穿成海蝕洞，成為一座海拱門，之後海拱頂部崩塌，出現兩座海石柱形的顯礁。石柱岩基相連，水面上分歧為雙嶼，外形像兩座燭台，所以稱為「燭台雙嶼」，又因看起來相互偎依，也稱為夫婦石、夫妻石。

　　金山岬西側有個小漁港，稱為磺港，上方就是燭台嶼步道的頂端獅頭山公園，園內懸崖邊的中正亭是欣賞與拍攝燭台雙嶼的最佳地點。臨亭遠眺東海，俯瞰浪花沖岸，視野遼闊，金山海岸地形盡收眼底。金山岬從前是軍事要地，日本軍

金山燭台嶼

與國軍都曾在此地挖掘戰備山洞，步道東側下方還有一處舊日的營房，探訪之餘，不禁使人感嘆世事的變化滄桑。

金山荷花區

礦溪下游將入海之處，地勢低濕，近年由當地農民種植荷花，成為北台灣著名的荷花田之一。此處種植的荷花屬於觀賞用品種，花型碩大，花色鮮明，花香濃郁，卻不以蓮藕、蓮子取勝。夏季來此純粹賞花，順便買一朵花苞帶回家插瓶，在家中看著荷花盛放，誠為樂事。

金包里老街

金山舊名金包里，清統治時是台灣北部重要的移民登陸點，市街內有北海岸唯一可以追溯到清代的商業老街，又稱金山老街。清統治時期，金包里漁業發達，漁產批售後，由挑夫挑擔翻越

陽明山區，送到士林銷售，其翻山道路稱為「魚路」。金包里因此商業興旺，市面繁華，其街道是當時往來雜遝的商業活動區域。

今日老街仍保有許多過去繁華的痕跡。街頭鄰近慈護宮旁的幾戶老房子是舊時的「街屋」，為傳統長條形連棟式店鋪住宅，窄面進深，採閩南式建屋風格，添加洋樓立面，前有相連的騎樓。老街有一家傳統中藥鋪，店內老式家具與藥罐猶存，大有清代遺緒；另有一家米店，仍保存傳統米櫃等器具。今日金包里老街已經成為觀光徒步區，出售各式地方特產及北台灣小吃如卜肉、蚵仔酥等，尤以金山特產的鴨肉、芋餅與紅心蕃薯等最為出名。老街中心廣安宮廟口的鴨肉攤生意興旺，採取自助式端菜，也是本地特殊的景觀。

⊘ 附註說明

草山行館管理單位聲明：草山防空洞現在並非由草山行館管轄。

陽明山至金山的公路旁曾有鱒魚、鱘魚養殖場，將來若能恢復，可往參觀。

　　陽金公路沿線景點甚多，有溫泉旅社數處，還可能在路旁遇到野生的猴群，但觀賞即可，請勿餵食。保持陽明山國家公園的自然環境人人有責。

路線 6

北宜自然保育
清新巡禮

台灣近年提倡環保，加以部分傳統產業外移，自然生態保育已初見成效，也成為現代旅遊的一種資源。台灣北部雪山山脈的兩側，都可以看到環保的成果與因此帶來的旅遊資源。這次行程以此為重點，配合探訪環境優美著稱的私營造酒工廠，從台北看山看水看環保成果，一路看到宜蘭，最後以一口台灣特產的威士忌結束。

行程

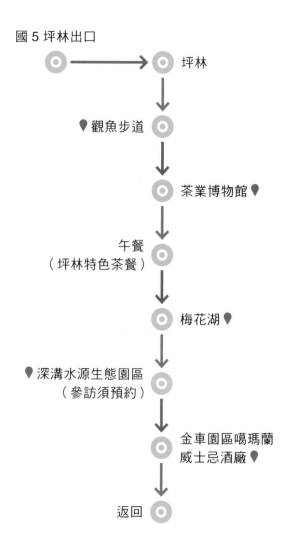

國 5 坪林出口 ⊙ ⟶ ⊙ 坪林

♥ 觀魚步道 ⊙

⊙ 茶業博物館 ♥

午餐
（坪林特色茶餐）⊙

⊙ 梅花湖 ♥

♥ 深溝水源生態園區 ⊙
（參訪須預約）

⊙ 金車園區噶瑪蘭
威士忌酒廠 ♥

返回 ⊙

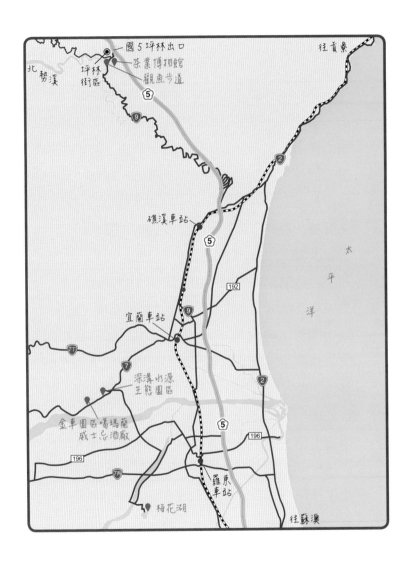

國5坪林出口
北勢溪
坪林街區
茶業博物館
觀魚步道
5
9

往貢寮

2

礁溪車站
5

太平洋

192

宜蘭車站
9

7

7

深溝水源
生態園區

金車園區噶瑪蘭
威士忌酒廠

196

196

74

5

196

羅東車站

梅花湖

往蘇澳

坪林・梅花湖・宜蘭員山鄉 ┃ 091

坪林

　　坪林區是新北市下轄的一個市轄區，境內多山，翡翠谷水庫上游的北勢溪蜿蜒全境，西流至龜山與南勢溪會合為新店溪。北勢溪流經坪林市街，河谷平原分布溪流兩岸，海拔約兩百公尺，為坪林區之主要聚落所在，並為水源保護區及觀光勝地。坪林市街也是北宜公路的中繼站，西至台北市 38 公里，東至宜蘭市 42 公里。

　　坪林區早期開發係由北而南，以淡蘭古道為主要交通路線。清嘉慶和道光年間噶瑪蘭（宜蘭）開始開發，發展出多條淡（水）、（宜）蘭間的交通路線，大部分經過坪林。咸豐年間漢人大舉移入宜蘭，開發逐漸加速。日本統治時期開通北宜公路，途經坪林，從此坪林成為台北—宜蘭的交通中點、貨物集散中繼站。雪山隧道開通後，坪林車流量漸少，成為安靜的小鎮。翡翠谷水庫建成後，坪林處於上游，為避免街區汙水進入水庫，建有大型汙水處理廠，配合汙水下水道主幹

管線長約 27 公里、用戶接管管線長約 12 公里、小型汙水抽水站 17 座、大型汙水抽水站 15 座，構成主要居民區的汙水處理系統。部分偏遠或零星散戶地區，則設置小型汙水處理廠處理，共計 3 座，金瓜寮溪流域即為其一。所以坪林是台灣汙水處理全面成功的範例，我們來此旅遊，應該對此有所體認。

坪林的自然生態多采多姿。本區屬副熱帶常綠林生物群系，下方為闊葉林，高處有若干針葉林，其中台灣油杉乃台灣固有種，散布在姑婆寮溪分水嶺，海拔 300－600 公尺的地方。坪林區依水系可劃分為三區：北勢溪流域、鰱魚堀溪流域、金瓜寮溪流域。過去溪流中魚類豐富，包括溪哥仔、淡水石斑、鱸鰻、香魚、鯉魚等，後因過度開發，數量減少，坪林居民遂發起護溪護魚運動。自 1999 年起，護漁區域從北勢溪開始，擴大到金瓜寮溪，台北縣政府也於 2003 年明令公布禁漁、封溪範圍和禁漁期間等事項。此後坪林區公所再利用護溪護魚的成果，設置觀魚自行車道

茶業博物館

二條，分別沿北勢溪的上、下游延伸，至金瓜寮社區等地。如今護魚已有成果，在岸邊、橋上隨處可見大批大尺寸魚群自在優游，觀魚也成為坪林的一項觀光資源。

　　坪林加油站對面的人行吊橋是下游觀魚步道的起點，從橋上下望，大型鯉魚結隊成群，優游自在。過橋後向右沿河而行，河水中不時銀芒閃耀，就是魚類側身游泳時腹部鱗片發光。這條步道經過汙水處理廠前，由此轉彎，走上一座部分透明地板的橋，正在鰱魚堀溪匯入北勢溪之處。站在橋上向下游望去，魚群眾多，魚體碩大；向上游鰱魚堀溪中望去，則魚類稀少，魚體很小。這種現象明白顯示有否執行環保政策的差異：北勢溪水產豐富，魚類熙來攘往，是封溪護魚的成果；鰱魚堀溪的景象，則是因為不在護魚區域內所造成的。魚類眾多也吸引來許多捕魚維生的水鳥，如白鷺、黃頭鷺、夜鷺、蒼鷺、翠鳥等，水鳥在坪林河邊隨處可見。每年5－6月是白鷺、黃頭鷺的繁殖季節，大批鷺鷥會在坪林茶業博物

館附近橋頭的河邊樹上築巢育雛，可以近距離觀賞，成為坪林環保有成的另一見證。

在台灣開發史上，坪林是個放棄稻米栽種，發展高價專業作物的農業地區。此地自從清統治開發時即有稻米耕種，但因山多田少，始終無法自給自足，當地農民遂漸漸放棄種稻，改種價值更高的經濟作物。坪林在 1980 年後稻米產量陡降，1997 年後便不見種植水稻的紀錄，此後坪林最重要的經濟作物是茶，又以生產包種茶為主，為全台最著名的包種茶產地。此地海拔 400－500 公尺，土壤偏酸性，排水性與透水性皆佳，四季有雨，適合茶樹生長。自清統治後期起，坪林地區開始栽種茶樹，並為與南投鹿谷地區有所區分，專門產製包種茶。日本統治時期坪林茶葉多銷往南洋，戰後台灣經濟起飛，高級茶葉暢銷，茶農的收入也獲得改善，製茶技術更得以不斷研究發展，今日在台灣製茶產業上，坪林占有一席重要之地。為保存坪林的茶文化遺產並介紹製茶產業，坪林設有茶業博物館一座，館區並附設品

茶室；坪林街頭則茶行林立，一些餐館也以現泡的包種茶招待來賓。如果打算在坪林多花一些時間，還可以登山或騎自行車深入坪林遊覽坪林。體力活動之後，不妨選一家茶行，泡上一壺茶，細細品嘗，品嘗坪林的包種茶，也品嘗這個環保有成小鎮的獨特風韻。

梅花湖

　　宜蘭縣位於雪山山脈東側，雨水隨山坡流下，山麓水源豐富，形成雙連埤、龍潭湖、長埤、大湖、望龍埤等湖泊，梅花湖為其中著名者。

　　此湖位於宜蘭縣冬山鄉得安村梅花社區內，為一天然蓄水湖泊，舊名「大埤」，為清統治時評選為「蘭陽十八勝」之一的「鑑湖秋月」所在地。因其湖形如五瓣梅花，1964 年更名為梅花湖。

　　梅花湖水域面積約 20 公頃，三面環山，有五處水灣，狀似梅花，湖中還有一座小島。湖岸鋪設環湖道路，並有吊橋通往小島，徒步或騎乘自

梅花湖

行車環湖都很適宜。梅花湖也可以乘船遊湖，為提倡環境保育，湖中禁止汽、柴油機發動的船隻航行，遊湖船隻皆為電動，由當地人負責操作，兼湖上導覽。湖中水族繁盛，魚類眾多，烏龜也不少，還特別喜歡聚集在小島附近。在地水鳥是當然的居民，候鳥則是常見的訪客，雌雄體色不同的綠頭鴨在岸邊群游，遊船碼頭木棧道下則是錦鯉的天下。春季湖畔花開遍野，蜂蝶穿梭飛舞，彷彿世外桃源。夏季行走湖邊步道，清風徐來，為消暑勝地。湖前平地上，作家吳淡如女士曾在此經營咖啡店，湖後方山上是台灣道教總廟三清宮，可順道往遊。

深溝水源生態園區

宜蘭全縣沒有一座水庫，自來水卻供應充分，而且水質優良，在台灣可謂得天獨厚，這與地形及氣候有關。宜蘭位於雪山山脈東側，又以「（新）竹風（宜）蘭雨」著稱於台灣，四季雨

水不斷。降落在雪山東坡的雨水匯成小河、滲入地下，使宜蘭河湖密布，地下水源充足，湧泉不少，造就獨樹一幟的豐富水資源。宜蘭縣的自來水事業利用這種水資源建設，開始於日本統治時期的西元 1932 年，迄今已有 90 年的歷史。

若想了解宜蘭自來水的獨特狀況，位於員山鄉的深溝水源生態園區應該探訪。此園區就在台 7 線公路路邊，距離著名的金車園區很近，園內擁有豐沛的水資源，既有河流，又有湧泉，而且自然生態保育良好，水質乾淨，水體清澈，有些區段水色翠綠或碧藍，足可媲美四川九寨溝。

園區內依主題分為三處分區：自來水處理區、水源涵養林區與生態觀察體驗區。自來水處理區建構地下水及地面水雙重取水系統，平時使用粗坑溪地面水，地面水水量不足時，會抽取園區內的伏流水。深溝淨水廠水源經地層過濾湧出，水質清澈，其味甘甜，軟硬適中，並富含人體所需的礦物質，再經水廠沉澱過濾後，可以直接飲用。來此參訪，轉開水龍頭接一杯宜蘭深溝

好水一口氣喝下，是必經活動。水源涵養林區是蘭陽平原地區僅存的原始林相濕地，若想了解宜蘭平原在農業化以前的原始風貌，此區不可錯過。生態觀察體驗區則開發出休閒步道、涵養池、人工溪流、甲蟲復育區等，具有生態多樣性。

在園區保育下的獨特地理環境成為植物、動物的樂園。闊葉林、水生植物、魚類、兩棲類、爬蟲類、鳥類都品種眾多，昆蟲尤其突出。景觀園區內的珍珠湧泉旁生長幾棵光蠟樹，每到夏季，許多獨角仙準時來訪，享受豐盛的大餐，並孕育下一代，是園區內最具有教育意義的景象。園區林相大多為原生樹種，保留原始狀態的濕地環境吸引許多鳥類棲息，甚至偶而能看見稀有的朱鸝等。

探訪本園區需要事先申請，有意者請注意。（目前因新冠疫情暫時休園，欲參訪可上網查詢是否開園。深溝園區官網：sgwep.water.gov.tw；臉書：facebook.com/waterparkfans/。）

金車園區噶瑪蘭威士忌酒廠

　　金車公司是台灣傳統飲料製造廠商，在宜蘭縣擁有大片土地。宜蘭位於雪山山脈與太平洋海岸交界處，75%是山區，為一座自然生態大水

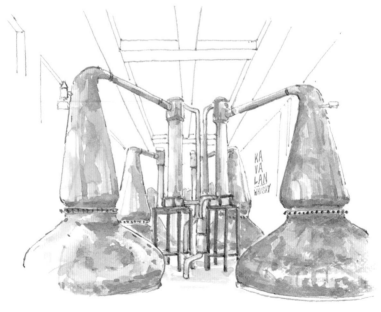

金車園區噶瑪蘭威士忌酒廠

庫，空氣純淨，水源充沛，水質甘冽。金車飲料早以此為設廠地點，出產波爾天然水等飲料。

有鑑於台灣威士忌飲酒人口逐年增長，酒卻只能遠渡重洋自國外引進，金車遂決定自行製造，以台灣第一款用正統方法釀造的高水準威士忌為目標。經數年設廠與研發，金車酒廠出品的噶瑪蘭（KAVALAN）威士忌於 2008 年上市，十餘年間獲得國際威士忌獎多次。

金車噶瑪蘭威士忌採用中央山脈與雪山山脈孕育的清淨水源釀造，以自歐洲進口的木桶在園區酒窖內儲存。在太平洋水氣與雪山山風同時作用下，酒桶內外氣流交替，木材呼吸作用效率高，威士忌吸收山水交匯而成的自然養分，口感醇厚，風味迷人。目前此廠年產各種威士忌與雪莉酒 900 萬瓶，全程自動化控管。廠區二樓設有參觀區，可以隔著大片落地玻璃參觀釀酒、蒸餾酒的各項流程，以及無數木桶排排放的酒窖。噶瑪蘭之酒名，則來自台灣北部原住民的噶瑪蘭族，他們是最早在蘭陽平原耕耘的一族，也代表

誠懇踏實、一步一腳印的開墾精神。金車公司在宜蘭有數處園區，還生產伯朗咖啡、德式黑麥汁、**蝴蝶蘭**、山泉水養殖的香魚、白蝦等。在威士忌酒廠內參觀完畢後，可試飲噶瑪蘭威士忌，並在咖啡廳小憩，為這次的北宜山水環保之旅畫下句點。

◎ 附註說明

5 號高速公路假日經常壅塞，尤其是雪山隧道，周日下午北向會實施高乘載管制。若改走 9 號北宜公路，則必須注意大批的機車、自行車。

坪林茶餐特色菜有茶鵝、桂竹筍豬腳、珠蔥、香魚、茶油麵線、茶油炒飯等。

金車酒廠招待品嘗噶瑪蘭威士忌，但駕駛人請勿飲酒。

路線 7

遙想林業盛景，
品味宜蘭鄉土記憶

宜蘭位於台灣東部的最北端，距離大台北都會區不遠，其自然與人文景觀甚為豐富，搭乘大眾交通工具，也可以欣賞到不少。本行程設計為一天往返，僅探訪羅東、宜蘭的部分地區。若希望更多了解宜蘭，可考慮住宿一晚，第二天前往南方澳、冬山、礁溪等地繼續旅行。

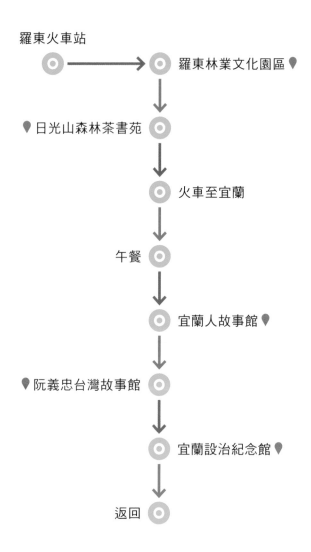

羅東火車站

羅東林業文化園區

日光山森林茶書苑

火車至宜蘭

午餐

宜蘭人故事館

阮義忠台灣故事館

宜蘭設治紀念館

返回

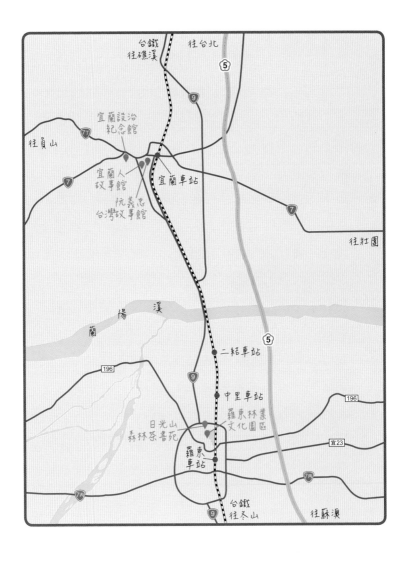

台鐵
往礁溪

往台北

5

9

宜蘭設治
紀念館

往員山

7b

7

宜蘭人
故事館

宜蘭車站

阮義忠
台灣故事館

往壯圍

7

蘭陽溪

196

9

二結車站

5

中里車站

196

羅東杯業
文化園區

日光山
森林茶書苑

宜23

羅東
車站

7b

7b

9

台鐵
往冬山

往蘇澳

▎羅東林業文化園區

　　太平山林業與羅東的關係密不可分。日本統治時期，太平山林場與阿里山林場、八仙山林場並列為台灣三大林場，開採規模則以太平山為首。太平山林業始於 1915 年，日本當局開始開採太平山之原生檜木林。1921 年完成太平山森林運材鐵道，總長 36.95 公里，自太平山下的土場經天送埤、歪仔歪等站，至羅東竹林車站為終點，附近設置大型水塘儲藏木材，並進行製材作業。

　　太平山伐木終止後，原來在羅東的場地與設施闢建為「羅東林業文化園區」，開放參觀。一進園門，就可以聞到木材的香氣，園區內保留一段鐵路與舊日的林鐵火車，客車車廂可以進入，讓人大發思古之幽情。儲木池依舊在，只是原木已渺，水面廣闊，成為魚類與水鳥的樂園。走上環池步道看景、觀魚、賞鳥，會帶來不少驚喜。步道還有一段貼近鐵路，火車就在旁邊呼嘯而過，是獨特景觀。

從百年舊書攤到
日光山森林茶書苑

　　羅東林業文化園區原有的日式宿舍區經過整修後，別出心裁地再利用，首先開了一家書店，

羅東林業文化園區

稱為「百年舊書攤」，專攻林業、動植物、生態保育等領域的書籍。2021 年起，由「日光山森林茶書苑」接手，繼續推廣閱讀，並不定期舉辦地景走讀、講座課程、工作坊等活動，邀請作家帶領讀者領略自然與閱讀的關係，繼承林業園區的愛書、讀書傳統。

宜蘭人故事館

　　舊日的宜蘭縣議會，現在是宜蘭人故事館。這是一棟 1959 年落成的建築，具備垂直條窗、磨石子地板、庭園中的石柱矮牆等特色，整體呈現當時台灣建築的審美觀念。館內另有駐館共藝創作坊數處，不定時還有特展、電影播映、影展、講座及各種活動，是宜蘭重要的文化園地，體驗宜蘭文化應到之處。

宜蘭人故事館

阮義忠台灣故事館

攝影大師阮義忠先生是宜蘭頭城人，宜蘭以他為榮，設立這個攝影專業展覽館。展館位於宜蘭市舊日的公務員宿舍區中，走過一排人去樓空的二層紅磚舊建物才能抵達，沿途舊房子的牆上展出黑白照片，迅速帶領遊客進入黑白攝影的年代。展場內陳列有阮義忠使用過的相機與他個人的暗房設備，包括放大機，相紙，顯影劑，顯影與定影用的塑膠盤等；二樓則是阮義忠著名的作品與歷年作品集，成為黑白紀實攝影的世界，也是對台灣鄉土民情的第一手白描。

宜蘭設治紀念館

宜蘭在台灣開發較晚，單獨設治始於 1812 年，當時稱為噶瑪蘭廳。1875 年噶瑪蘭廳改制為宜蘭縣。1895 年日本統治台灣後，首任宜蘭廳長籌建官舍，約完成於 1906 年，此後成為歷任宜蘭

宜蘭設治紀念館

行政首長官邸。1997 年改為紀念館，展出宜蘭設治的歷史。

此官邸為和洋混合式風格，融合日本木造房舍與西洋古典建築的形式，建築面積 74 坪，戶內陳列有關宜蘭的文獻多種，頗為珍貴。戶外庭園寬廣，占地 800 坪，老樹眾多，花木扶疏，配合枯山水、枯石流的日式庭園景觀，恬靜幽雅。

◉ 附註說明

本行程的各景點都距離火車站不遠，唯參觀數處，仍需腳力。

宜蘭酒廠在宜蘭設治館附近，亦可參觀，並有多種產品出售。宜蘭市內在二次大戰末期設有軍用機場，為神風特攻隊基地，今日少數殘跡尚存。

本行程也可以先到宜蘭，再至羅東。

路線 8

追隨先民腳步
海闊天寬登山行

這是北台灣著名的越嶺健行路程，也是追隨先民腳步，訪勝觀景的上佳徒步路線。前半段沿著遠望坑溪谷步步高升，努力前進。中途點附近豁然開朗，海天遼闊，古碑莊嚴。沿途樹木稀少，道路中段開始兩旁都是菅芒，秋季芒花盛開，隨風搖曳，有如海浪波濤。欣賞之下，對自然風光與人文史蹟的追求都得到充分滿足。然後盤旋下山，進入宜蘭海岸，完成這次壯舉。回首來時路，值得為自己慶祝。

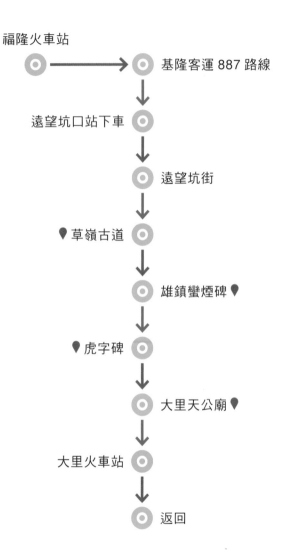

福隆火車站

基隆客運 887 路線

遠望坑口站下車

遠望坑街

草嶺古道

雄鎮蠻煙碑

虎字碑

大里天公廟

大里火車站

返回

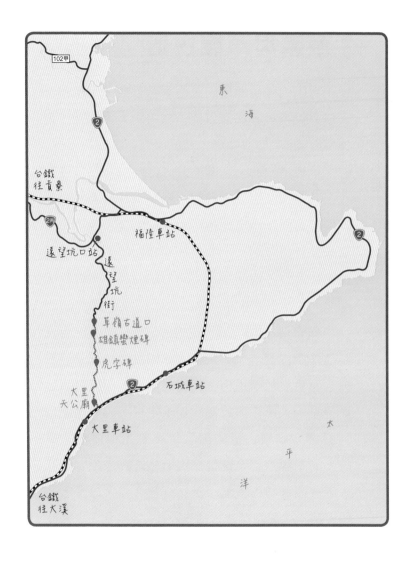

102甲

2

東
海

台鐵
往貢寮

2丙

福隆車站

遠望坑口站

遠
望
坑
街

草嶺古道口

雄鎮蠻煙碑

虎字碑

2

石城車站

大里
天公廟

2

大里車站

台鐵
往大溪

大
平
洋

草嶺古道 ▍ 117

草嶺與草嶺古道

　　雪山山脈最北段因東北季風強勁，山脈頂部大樹難以生長，成為以菅芒為主的大片草地，稱為草嶺。

　　草嶺是台北、宜蘭的分界線，也是早年從台北、基隆通往宜蘭的必經之路。當時的人為節省時間與腳力，寧可翻越草嶺進入宜蘭，也不願沿海岸線繞道三貂角。及至日本統治時期，宜蘭線鐵路與北宜公路開通，草嶺傳統路徑才變成乏人問津，成為名符其實的古道。

　　草嶺傳統路徑成為古道之後，並未像台灣其他許多古道一樣的荒廢，此因這條路線畢竟較短，而且當地居民仍有利用的需要，加以經濟逐漸發達，人民休閒旅遊的需求隨之而起，經過口耳相傳，草嶺古道雄偉的自然風光與清代古碑的人文景觀價值，使這條古道始終有登山客與訪古者登臨拜訪，人氣不墜，直至今日。以筆者為例，第一次探訪草嶺古道是在 1976 年秋天，當時

筆者擔任英文漢聲雜誌編輯研究員，決定要探訪後向雜誌主持人吳美雲女士、黃永松先生報備並申請旅費，二位老闆欣然同意，還率領全體同仁參加，於是變成全公司秋季登山旅行。我雖從未去過，也不得不自告奮勇，當天走在隊伍最前面帶路。由於草嶺古道路徑明顯而且單純，筆者的引路工作順利完成。四十多年前的草嶺古道已經如此，現在更是路標清楚，又有手機地圖與定位系統助陣，這裡已經成為登山老手與初學入門者都可以享受健行登山之樂的亮點。

宜蘭漢化過程簡述

草嶺古道是自古以來漢人進入宜蘭的主要路線，與宜蘭的漢化過程息息相關。行走在草嶺古道上，不妨想像一下當年上自清廷官員，下至貧苦農民，還有巡防軍隊、挑擔商人等，在這條越嶺路徑上絡繹不絕的景象。這種漢人人口翻山越嶺流動到宜蘭的結果，就是宜蘭地區在 18－19 世紀的漢化過程。

草嶺古道

清乾隆中葉的 1770 年代，台北盆地逐次開墾，缺乏土地的移民吳沙等漳州人遂前往三貂社（今新北市雙溪區、貢寮區）發展。從 1787 年起，漢人數度進入宜蘭，但都未成功，台北的富戶遂出資委託吳沙組織開拓隊伍，企圖入墾蘭陽平原。1797 年，宜蘭的平埔族各社發生傳染病，據說吳沙施放藥物，治癒多人，與各社的關係改善，平埔族因而同意漢人進入宜蘭，建立第一個開拓據點：頭城。

　　1804 年漢人開墾到五圍（今宜蘭市），不久五圍外的平埔族阿里史各社受到漢人的攻擊，迫不得已，轉至宜蘭濁水溪（今蘭陽溪）以南尋求生存空間，成為羅東地區的開拓者。1810 年清政府派楊廷理籌備開蘭事宜，經人口普查宜蘭人口已有 14,452 戶、42,904 人，其中包含噶瑪蘭 38 社，5,540 人。

　　漢人拓墾蘭陽平原的過程中，實行「結首制」。「結首制」即將 30 至 50 個農民編成一「結」，由「小結首」帶領進行拓殖，「結」下的

田園分成數「份」，每位參加開墾者各分一份。在小結首之上，尚有大結首、總結首和土地資本家（大地主）。小結首負責的區域稱為「結」，大結首負責的區域稱為「圍」。這樣的基本拓墾單位，有別於西台灣漢族的拓墾經驗，對無田的移民甚具吸引力。

漢人從「吳沙開蘭」到 1809 年清廷籌備噶瑪蘭廳設立之前的拓墾活動，事實上違背清廷「不得越界開墾」的禁令；但木已成舟，19 世紀初漢人已擁有蘭陽平原大半土地。1810 年清政府任命楊廷理為噶瑪蘭通判，正式將宜蘭納入版圖。1875 年噶瑪蘭廳升格為縣，改稱宜蘭縣，宜蘭的平原地區至此漢化完成。

雄鎮蠻煙碑

相傳 1867 年冬，清臺灣鎮總兵劉明燈北巡噶瑪蘭，於草嶺古道山腰遇大霧瀰漫，方向難辨，又聽說當地常起蠻煙瘴霧，危害過往商旅，劉明

2011 年與友人在風雨中翻越草嶺，
今宵眾人憶及，猶有當年豪情

紛飛斜雨透重巾　草嶺風雲傍海濱
虎字碑前呼振臂　至今猶憶氣如神

虎字碑

燈乃就地題「雄鎮蠻煙」四字，勒石為碑，以鎮壓山魔，消除霧瘴。全部碑文為「同治六年冬月雄鎮蠻煙　欽命提督軍門鎮守臺澎掛印總鎮斐凌阿巴圖魯劉明燈書」，字體為行楷。碑體橫雕成匾額狀，框為溝紋，使雨水順溝紋流下，以保護碑面。此石碑上的幾個特殊名詞說明如下：

　　總鎮：「總兵」的別稱。清代總兵官為正二品武官，統帥綠營（漢人）兵。

　　斐凌阿：滿語，威猛之意。

　　巴圖魯：原為蒙古語，「拔都」為另一種漢語音譯，後被滿語借用，意為「英雄」、「勇士」，為滿洲傳統封號之一，清朝時成為賞賜有戰功之人的封號。

虎字碑

　　1866 年，少年將軍劉明燈調升臺灣鎮總兵。他到任後巡行台灣各要道，於 1867 年、1868 年先後在草嶺古道、坪林跑馬古道各以大楷書寫「虎」

字，刻石立碑，稱為「虎字碑」。他寫的虎字豎看似立虎，橫看若奔虎，一筆寫成，稱為「一筆虎」，為歷代武將喜愛的寫法。

　　草嶺古道的虎字碑位於古道最高處，正好是太平洋東北季風與雙溪遠望坑谷風的風口，秋冬季節風勢強烈，又常起大霧，故虎字碑取《易經　乾卦》「風從虎」之義，以虎鎮風。全部碑

大里天公廟

文為「同治六年冬　虎　臺鎮使者劉明燈書」。民間相傳，兩座虎字碑比較，草嶺的虎字左上角較圓順，因此被視作母虎，坪林的虎字左上角較伸張，則被視為公虎。坪林文史工作者楊超銘先生認為二虎不同的書寫方式，反映劉明燈將軍不同的心境：巡視草嶺時心境平和，筆法圓潤；次年因要出征，故巡視坪林時的筆法帶有粗獷豪邁的氣魄。

　　站在虎字碑旁，視野遼闊，宜蘭平原就在腳下，遠方太平洋海天一色，龜山島臥波聳立，回想當年開發的艱辛與鎮守的豪情，使人頓生英雄氣魄。

◉ 附註說明

　　基隆客運 887 路車班次較少，請注意銜接。

　　草嶺古道是秋季賞芒花的熱門路線，唯路程較長，且風勢強勁，冬季則常遇到雨霧，應體力許可方宜前往，並注意防風雨、保暖。

路線 9

一探西桃園神社、
祖堂、燈塔祕境

桃園距離台北、新竹都甚近，來往方便，近年開發也很迅速；但也就因為如此，台北人、新竹人往往視桃園為過路之地，忽略掉桃園的自然與人文風光。其實如果說宜蘭、陽明山等地是台北後花園的話，桃園絕對有資格成為另外一處。這次旅遊活動有鑑於此，將為大家介紹一些桃園市西部深具吸引力的景點，請在欣賞這些祕境的過程中體會桃園。

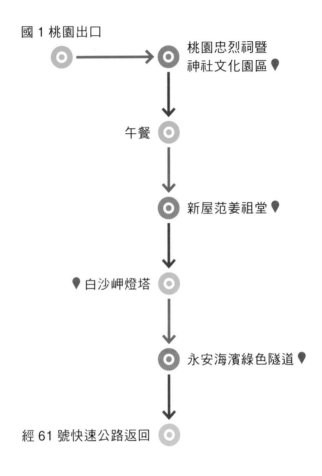

國 1 桃園出口

桃園忠烈祠暨
神社文化園區

午餐

新屋范姜祖堂

白沙岬燈塔

永安海濱綠色隧道

經 61 號快速公路返回

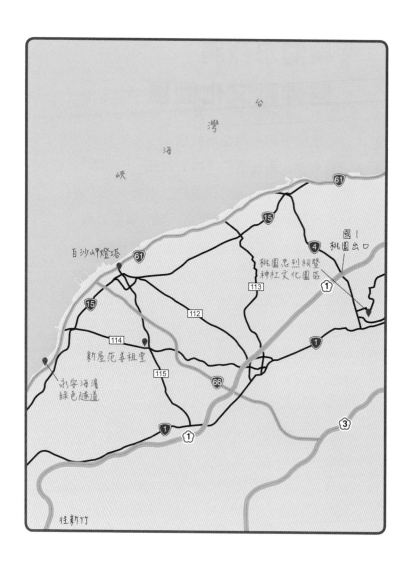

桃園忠烈祠
暨神社文化園區

　　桃園市忠烈祠座落於桃園市郊虎頭山上，前身為日本人所建造的「桃園神社」，落成於 1938 年，是台灣保存最為完整的日本統治時代神社。神社建築物自 1946 年改為「新竹縣忠烈祠」，當時並舉行奉安典禮。1950 年桃園設縣後，更名為「桃園縣忠烈祠」。2014 年桃園升格直轄市後，再度更名為「桃園忠烈祠」。1994 年經公告正式被列為國家三級古蹟。

　　日本統治台灣後，陸續在全台各地興建神道教的祭拜所：神社，總共建造約兩百座，遍布全台灣各地。自 1936 年起又在台灣推行「皇民化運動」，更加積極建立神社，桃園神社就在這個時期建造。日本戰敗撤出台灣後，大多數神社被拆除或改建，桃園神社卻因在 1946 年就改為忠烈祠，除日本的標誌被取消外，建築依然維持原貌。並

於 1985 年起，經陸續修葺，乃能恢復舊日建築景觀，成為桃園一處重要的古蹟。

此建築群依山而建，環境清幽，建築風格融合中國古代唐朝風格、日本風格及台灣近代風格，採用上等台灣檜木、杉木構築。園區建築物規模完整，主體建築群由安置神位的本殿、供一般信眾參拜的拜殿、神職或管理員辦公的社務所、進入神社參拜前可供民眾洗手與漱口的手水舍等組成，另外有鳥居、石獻燈、高麗犬、銅馬雕塑、神社參道等設施。建造用的木材質地細緻，作工精美，保留完整的大木結構系統，樑柱以嵌接方式固定，工法嚴謹。柱頭、柱腳、扶手等木材斷面，還以銅片保護，極為難得，具有歷史文化價值。電影《KANO》即選擇此處為拍片場景。

作為忠烈祠，本殿內現供奉有台灣革命、龍潭抗日之役、黃花崗七十二烈士、中華民國國軍歷代戰役、演習等時期殉難軍、民之集體與個人靈位，還有歷史上明朝延平郡王鄭成功、抗日志

桃園忠烈祠

士丘逢甲、劉永福等個人之靈位。左、右朶殿中則供奉抗日、國民革命、反共勘匪、敵後工作等戰役殉難之軍、民，及因公殉職之軍、警、消、民等個人之靈位。每年春、秋二季地方政府在此舉行祭祀典禮，3月29日春祭國殤暨遙祭黃陵，9月3日秋祭國民革命先烈暨陣亡官兵，皆由桃園市市長主祭，相關單位人員及烈士遺族陪祭。歷屆總統及桃園地方首長等皆曾供獻牌匾追悼，累積甚多，將這些匾額從頭看一遍，等於在台灣現代史中走過一遭。

新屋范姜祖堂

如果在台灣遇到一位姓范姜的朋友，那他必然出身於桃園新屋的客家庄。「范姜」為廣東、台灣客家族群特有的姓氏。緣清朝初年，一位廣東海豐范姓人士娶妻雷氏，范早故，家境貧寒，雷氏攜二子改嫁姜氏。此後長子所生四子皆繼承姜家，改為姜姓。次子膝下有五子，他感念繼父養

育之恩，起初想選擇二人姓姜三人姓范，或三人姓姜二人姓范，但結果都不公平，最後決定五子皆冠上范姜雙姓，范姜家族由此衍生。

　　清乾隆年間，廣東海豐的范姜氏來台拓墾，取得墾照，建立「姜勝本墾號」後，逐步自桃園沿海向內地開拓，其拓墾區域逐漸擴大，而以今日的新屋區為核心。在他們的努力下，將荒野變成田園，也吸引其他拓荒者進入此地區，使開拓加速。范姜先祖胼手胝足，耕墾得法，范姜家族

累積田產後，族人於 1854 年興建祖堂，客家語稱為「公廳」，指祭拜祖先的祠堂。其後在附近陸續起造不少新屋，當地人引為盛事，以客家語稱其為「起新屋」，「新屋」便成為當地的地名，沿用至今。此「新屋」為五棟范姜老屋群中的范姜公廳，經評定為第三級古蹟，現況良好。宅內保存范姜家族家譜、遷移經過等資料及古物，並收集有各姓氏家譜，蔚為大觀。來此參觀，在了解范姜家族的歷史後，不妨找出自己姓氏的族譜，也了解一下己身的來源。

新屋范姜祖堂

白沙岬燈塔

這是台灣第二高的燈塔，位於桃園市觀音區海岸，塔高 37 公尺，僅次於墾丁鵝鑾鼻燈塔，在台中港燈塔未興建前，也是台灣本島最西邊的燈塔。早於 1901 年點燈啟用，歷經百年以上的歲月洗禮，在 2001 年獲選入列「台灣歷史建築百景」。燈塔建築本體、圍牆與舊日晷儀於 2002 年公告成為桃園第一座縣定古蹟，是目前保存最完整的日本統治初期燈塔。

這座燈塔使用紅磚與大石塊建造，耗費三年完工，是台灣眾多燈塔中的特例。19 世紀後期興建的台灣燈塔，發光機具等多由英、法進口，製造商先將塔身、燈具等零件鑄造完成，再以船舶運送至預定地點裝配。白沙岬燈塔的燈具為法國製三等旋轉透鏡三重芯煤油燈，塔頂為鑄鐵製成，因此採用「煉瓦石造」工法建塔，塔身為圓形磚造，磚塊遵古法以糯米、黑糖、石灰等混合物黏合，燈塔上段則用大塊石材組砌成托架，以

承托鑄鐵塔頂的重量。此種工法極為堅固耐用，白沙岬燈塔歷經二次大戰後期美軍戰機掃射，以及多次地震風災，一直無嚴重損傷。

塔身建築與內部設施的歷史都跨越一世紀，現在保存日本統治時期的日晷，用於根據太陽照射的影子判斷時間、方位與緯度，以決定燈塔亮燈、熄燈時間；還有一座由上海機器局製造的航海時鐘，以及 1947 年由國防部、財政部共同發布的公告等歷史文獻，難能可貴，具有歷史文化意義。

燈塔周遭環境整理得十分用心，庭園內小橋流水與山茶花並存，清幽雅致。環塔則是一批百年苦楝樹，蒼勁挺拔聳立，每年四月分開出淡紫色的小花，散放出獨特的氣味，報告北台灣的春天。燈塔附近還設有環形步道、公園、涼亭等。步道沿觀音溪畔修築，行走其間，小河、稻田與池塘等鄉村風光盡收眼底，還可遠眺觀音海濱著名的風車景觀；近年增修的鐘塔廣場及觀音溪人形拱橋，已成為拍攝婚紗照的好去處。

白沙岬燈塔

永安海濱綠色隧道

　　桃園海邊的漁港以永安漁港最具規模。永安漁港南方約 3 公里的一段濱海道路，因為海風強烈，兩旁路樹到達一定高度後就橫向發展，造成綠色隧道。這段路穿行在海濱的樹叢中，成為北台灣最具特色與規模的自行車道，假日甚至改為自行車專用。全線鋪設柏油路面，平緩無坡，地面並有生態動物圖案設計，騎車過此，輕鬆愜意。全長 4.3 公里的自行車道分為濱海與林間二線，前者正好邊騎車邊欣賞台灣海峽風光，後者則在海岸森林中穿行，動植物生態豐富，環境清幽。當地租車業者提供各種腳踏車，從單人車、雙人協力車到六人全家福的都有，適應各種需求。

◎ 附註說明

　　桃園虎頭山是一座台地，登頂視野寬廣。山腳下另有桃園孔廟，也值得參觀。東側公路邊有

一處私營的農場，位在小河谷中，有山坡步道、花圃、可愛動物區等，可用餐，也可由此轉往虎頭山登山遊覽。

桃園地區工廠很多，觀光工廠也很多。南崁有義美食品的工廠，其紀念館開放參觀，旁設餐廳及該公司產品的賣場。（因受疫情影響，現暫停開放。欲參訪可上網查詢是否開放。義美食品觀光工廠官網：www.imeifoods.com.tw/nankang/。）

61號快速道路緊貼台灣西海岸興築，下午回程從南向北行駛其上，左邊正好觀賞紅日西沉，海景無邊。

路線 **10**

桃園台地水利觀察行

桃園的台地面積廣闊，取得水源不易。在台灣農業開發的過程中，桃園人因應這種環境，開鑿出大量灌溉用埤塘，桃園台地遂成為台灣埤塘分布最密集的區域，深具特色。及至石門水庫建成，引水入石門大圳的灌溉系統，台地上另一種現代化的水利設施因此完備。桃園地區水利灌溉的演進，見證了台灣開發的歷史，值得用一天時間了解，因此設計出這趟旅程。

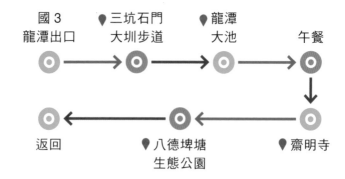

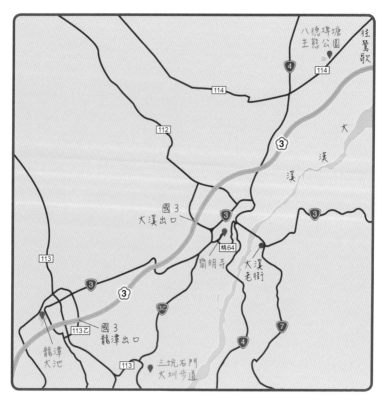

桃園台地水利設施

　　桃園市除復興區地屬雪山山脈外，其他地區皆位在幾處台地上，稱為桃園台地群。

　　清統治時桃園土壤貧瘠，缺乏大河川灌溉，加上海風的影響，農業收成不佳，開發也較晚。早年當地居民為灌溉農田，從 1748 年起紛紛開挖埤塘以蓄水，桃園台地群上因此水塘遍布，最多時竟達上萬口。埤塘灌溉之外尚可養魚，提供水產與垂釣休閒活動，構成桃園的特殊景觀，可稱為「埤塘文化」。今天桃園台地群上的灌溉水源，依然有約 40％來自埤塘。到日本統治時期建設桃園大圳，1964 年石門水庫建成，石門大圳通水，兩大圳道及其支線串連各個埤塘，才徹底解決桃園台地群的灌溉問題。

三坑石門大圳步道

　　三坑是龍潭至石門水庫路邊的一處村落，

石門大圳通過其上方，從隧道冒出地表的開端，正在 3 乙公路通往三坑老街的永福路口附近。由此沿步道前行，石門大圳的滔滔流水就在腳邊，可以邊走邊欣賞，一直走到水圳再度鑽入隧道之處。步道旁栽種許多櫻花，還有相思樹、咖啡樹等，春天落英繽紛，夏日濃蔭涼風，右下方可見三坑一帶的綠野平疇，健行起來悠閒舒適。步道有叉路可下至三坑村，村中的永福宮是座古廟，

三坑石門大圳

廟裡在日本大正年間設立的石柱，柱頭居然是希臘柯林斯式的裝飾，可見當時台灣社會流行的審美觀念。三坑聚落為典型客家庄，有當地農產品出售，也可品嘗客家小吃。附近的大平紅橋以紅磚砌成，黏合劑中加入糯米汁，是著名的古式糯米橋，已有超過百年歷史。

▌龍潭大池

　　大池位於龍潭鄉鬧區西側，臨龍元路、神龍路、環湖路。這是桃園台地開挖的第一口埤塘，在桃園地區開發史上大大有名。過去池中長滿野生菱角，稱為「菱潭埤」，又因在潭畔祈雨靈驗，稱為「靈潭陂」，後來相傳在某風雨交加的夜晚，潭中有黃龍出沒，遂改名「龍潭陂」，附近的聚落因此稱為「龍潭庄」，龍潭作為地名沿用至今。龍潭大池水面約 18 甲，池中有一人工島，島上是古廟南天宮，宮前通往跨湖吊橋；湖另一側則建成九曲橋，環湖有步道。大池的水其來有自，上游

龍潭大池

是一條小河，沿河都有步道，可以溯河而上，欣賞龍潭的鄉村田園風光。此處道路兩旁大多是稻田，春天可見機械化插秧，夏天稻浪翻飛，秋天稻穗金黃。第二期稻收割後，農民在田地裡撒下大量波斯菊、向日葵等花種，每年11月中滿地開花，花色豔麗，風起花枝搖動，走來心曠神怡，稱為龍潭賞花步道。

齋明寺

隔著大漢溪與大溪街道遙遙相望之處，有一座170年以上的古剎齋明寺，古老、清幽、低調，見證著台灣北部佛教的歷史。

齋明寺舊名齋明堂，最早是屬於齋教龍華派的齋堂。齋教或稱佛教齋派、在家佛教，為明朝中葉興起的佛教支派，信眾以在家持齋奉佛為主要活動。清朝中葉嘉慶年間白蓮教亂事之後，齋教大量進入台灣，齋明堂也在1850年建立。日本統治時期，日本佛教傳來台灣。1937年，日本殖

民政府推動皇民化運動，進行「宗教整理」，齋明堂為保存完整，乃與日本曹洞宗聯絡，更名為齋明寺，留下帶有日式風味的庭園及石燈籠等。這座寺廟還曾一度配祀金童玉女、哪吒太子、韋馱菩薩、五顯靈官大帝等神祇，造成佛教與中國民間信仰雜陳的樣貌，後來才改回純粹佛寺，目前隸屬於法鼓山的宗派。齋明寺歷經七代住持的經營迄今，在佛教法統上曾承襲普陀山、龍華齋

齋明寺

教、鼓山曹洞宗、日本曹洞宗、法鼓山等不同宗門，反映台灣佛教發展史上的特殊風貌，極具歷史價值，來此參觀了解，等於上了一次台灣佛教史的課。

齋明寺大殿為閩南式寺廟建築，古樸而典雅，寺中特設文物陳列室，展出許多珍貴的舊日佛教文獻、法器等，在台灣佛教史上的價值甚高；新建築則為清水混凝土形式，保持一貫簡樸、莊重、嚴肅風格。寺後有靈骨塔區，附近古木參天，通往塔區的道路旁可遠眺大溪，風光秀麗。

八德埤塘生態公園

隨著桃園地區產業發展、人口增加，土地的需求愈來愈大，導致埤塘不斷遭填土而消失。桃園很多大型公共建設用地都來自埤塘，包括桃園國際機場在內，各處的工廠與高樓大廈更不在話下。桃園消失的埤塘面積已達 7,000 公頃，現在

全桃園只剩下 693 口埤塘。其實每一口埤塘的消失，都代表一段歷史的湮滅，及一處水鳥棲地的減少。根據調查，桃園埤塘每一公頃平均有 7 隻水鳥棲息，所以現在已有將近 5 萬隻水鳥的棲地消失。

為保留埤塘記憶與埤塘文化，2008 年桃園政府將一處屬於公有地的埤塘開闢為「八德埤塘生態公園」。該地位於興豐路旁，附近是桃園榮民之家與國防大學。埤塘園區種植樹木花草，飼養魚類、雞鴨等，並建有環湖步道及導覽說明室。今日野生水鳥來此棲息繁殖，塘中游魚可數，湖岸花樹茂盛，此地已成為瞭解埤塘文化的必到景點，尤其適合親子旅遊。當地塘邊有西餐廳，可邊用餐邊觀賞埤塘景致。

尋覓石門水庫上游
兩蔣時空

石門水庫在大壩以上，水域綿延甚長，水庫上游屬桃園市復興區，在北部橫貫公路沿線，風光秀麗，山產眾多，夏季亦可避暑。蔣中正總統在台灣的數處行館中，桃園復興角板山即有其一。此處接近後慈湖疏散辦公室，在各行館中地位重要，蔣經國總統亦曾駐留。若欲重尋兩蔣在台時空，慈湖、頭寮之外，角板山行館為必到之處，附近景點不少，可順路到訪。

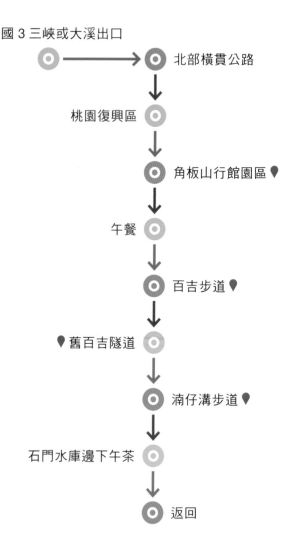

國 3 三峽或大溪出口

北部橫貫公路

桃園復興區

角板山行館園區

午餐

百吉步道

舊百吉隧道

湳仔溝步道

石門水庫邊下午茶

返回

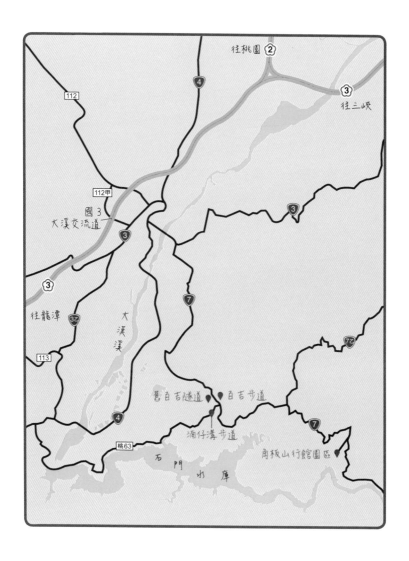

往桃園 ②

往三峽 ③

112

4

112甲

國3
大溪交流道

3

3

往龍潭

32

113

大溪溪

7

72

舊白吉隧道　白吉步道

湳仔溝步道

7

桃63

石　門　水　庫

角板山行館園區

北部橫貫公路

台灣島自北至南有三條橫貫公路，北部橫貫公路西起桃園市大溪區，東迄宜蘭縣大同鄉，全長約 82 公里。這條公路由交通部公路總局編為台7 線，然而依據台灣公路編號規則，東西向的公路號碼應編為偶數，北部橫貫公路的編號卻是奇數！這使它成為台灣省道系統中，極少數名稱與編號規則不一致的公路。推究其原因，可能在於這條公路雖然名為「北橫」，其走向卻是西北—東南，一路沿大漢溪上游溪谷深入雪山山脈，大漢溪上游為北北西流向，遂導致這條公路南北向的跨度大於東西向的跨度，就難怪是單號編號了。

北部橫貫公路前身為日本統治時代的「角板山—三星警備道」，亦稱「角板山—三星間道路」。至 1963 年（民國 52 年）5 月，台灣省公路局根據原有的舊道拓寬，開始闢建北部橫貫公路，築路的主力一如中部橫貫公路，來自退除役官兵，至 1966 年（民國 55 年）5 月 28 日通車。

回憶北部橫貫公路的原汁原味

民國 57 年除夕至 58 年元旦假期，筆者曾與幾位大學同學至北部橫貫公路徒步旅行。當時這條公路剛開闢一年半，仍然充滿原汁原味，讓我們這幾個大學生十分好奇。我們從大溪開始步行，最初一段是柏油路面，不久變成碎石路，但路面有兩條平行的狹窄水泥車道，過慈湖之後，水泥車道也消失，從此一路碎石泥土路面，直到終點。我們曾向警察拉號（羅浮舊名，二者皆為原住民語音譯）派出所、公路最高點巴陵部落的泰雅族原住民借宿，都承蒙慷慨同意，他們對陌生人的隆情高誼，讓人記憶永存。當時巴陵仍然沒有電力，晚上與剛認識的原住民朋友點蠟燭開一瓶紅標米酒聊天，聽他們引吭高歌，迄今難忘。

▌角板山行館園區

復興區舊稱角板山，是桃園市唯一的原住

民區，也是大溪以上北部橫貫公路沿線的最大聚落，山產的集散地，地位重要。復興街區旁邊是一處大型公園，園內大樹參天，梅花滿園，步道旁有多件雕塑藝術品，正是蔣中正總統行館的所在。園區的景點有：

角板山行館

蔣中正總統的行館，房屋樸實，室內展出老照片、文物，說明他的生平與在角板山的生活點滴，有些非常平易近人，例如用小炭爐做蛋炒飯等。

戰備隧道

基於 1936 年西安事變時遭張學良、楊虎城聯軍俘虜的慘痛經驗，蔣中正總統到台灣後，各地的行館都附設戰備隧道，作為指揮戰備與緊急避難的場所，如陽明山官邸、士林官邸、後慈湖、澄清湖、花蓮池南森林區等地。在所有行館中，角板山的戰備隧道並不算長，但仍可看見厚重的

角板山行館園區

鋼門、曲折的通道、內部的通信器材、生活設施等，成為那段歷史的見證。

梅花園

原有「梅台」之名，種植大量白梅，冬季梅花盛開，清香宜人。1975 年 4 月 5 日蔣中正總統去世後，蔣經國總統曾在角板山行館居喪，著有《梅台思親》一書，背景即為此處。

思親亭

在公園前端，面對大漢溪。據說蔣中正總統
認為此處山水類似他的家鄉浙江奉化溪口鎮，特
別欣賞，故建亭一座，常來此觀景沉思；蔣經國
總統在此居喪期間，將此亭命名為「思親亭」。

樟腦收購所

日本統治台灣後將樟腦收歸專賣，在各樟腦
產區設立樟腦收購所，收購民間生產的粗製樟腦。
角板山收購所就位在園區內，為一棟日式建築，入
內參觀，可以體驗當年對台灣極為重要的樟腦產業
概況。如果已經參觀過台北市南昌路台灣菸酒公司
的樟腦博物館，再來此印證，當更有心得。

復興青年活動中心

原為「角板山貴賓館」，門口左右拱立蔣中正
總統與蔣夫人手植的二株樹，稱為「夫妻樹」。可
供住宿，附近環境清幽，客房窗口的山水景致，
讓人平靜安適，忘卻煩憂。

溪口吊橋

角板山公園下方，有一條窄窄長長的人行吊橋跨越大漢溪兩岸，在碧水之上溝通兩邊的青山，取名溪口吊橋。這是大漢溪上少見的行人吊橋，行走其上的機會難得。過橋後是一個泰雅族原住民部落，以羅馬公路（桃園復興羅浮至新竹關西馬武督）與外界聯絡，平日車輛稀少，彷彿世外桃源。羅馬公路此段沿石門水庫上游南岸修築，由於一般遊石門水庫上游多沿其北岸，南岸風光較為少見，有興趣可以一探究竟，不過路程較遠。

▌百吉步道

北部橫貫公路起自大溪，通往宜蘭，經過的第一座隧道在慈湖上方不遠，稱為百吉隧道。百吉隧道頂上，還有一條柏油路蜿蜒上下，接通後慈湖入口，由於大部分路段已設置路障，禁止汽、機車通行，遂成為一條專供行人使用的路，

稱為百吉步道。若從大溪往復興，通過百吉隧道後左轉第一條叉路，即可抵達此步道的入口。步道坡度不大，兩邊大樹排列，環境清幽，生態豐富，據說當年蔣中正總統與蔣夫人也喜歡這裡，在慈湖時常來此散步。

百吉舊隧道

初建的百吉隧道甚為狹窄，會車困難，北部橫貫公路拓寬時，乃另鑿新隧道。舊隧道廢棄多年後，近來整治完成，開放為僅供行人通過的步道。洞內鋪設舊日在山區常見的台車軌道，並有示範性的台車，以保留其樣貌，見證這種今天幾乎絕跡的交通工具。

湳仔溝步道

湳仔溝是百吉附近的一條小溪，注入石門水庫。從大溪往復興，通過百吉隧道後右轉，即

可沿溪而下。這條溪溝一邊是公路，另一邊是步道，步道平緩易走，沿途都是田園風光，走到盡頭是幾戶農家，可以選購當地農產品，還可以品嘗無菜單料理。沿湳仔溝的公路最後會通到石門水庫邊，附近有開設在湖邊山壁上的咖啡店，小坐觀景，湖光山色盡收眼底，晴則藍天碧水，雨

舊百吉隧道

則煙嵐迷濛，都會使人塵慮盡消，為此次行程畫下完美的句點。

◎ 附註說明

角板山商圈為北部橫貫公路山區山產集散地，香菇、水蜜桃、高山蔬菜等陳列出售甚多。

角板山公園在梅花季假期車輛擁擠，停車不易，請注意。

石門水庫

西北新竹懷舊
賞紅樹之旅

新竹縣、市的自然與人文景觀多采多姿，值得幾趟行程。我們選擇新竹縣西北部地區作為進入新竹的首趟旅程，乘著新竹著名的風，從海邊到山地，從自然到人文，開始深入了解這個對台灣愈來愈重要的地方。

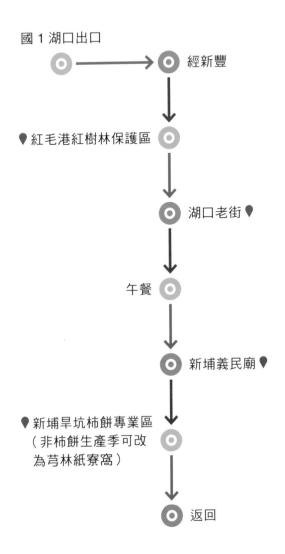

國 1 湖口出口

經新豐

紅毛港紅樹林保護區

湖口老街

午餐

新埔義民廟

新埔旱坑柿餅專業區
（非柿餅生產季可改
為芎林紙寮窩）

返回

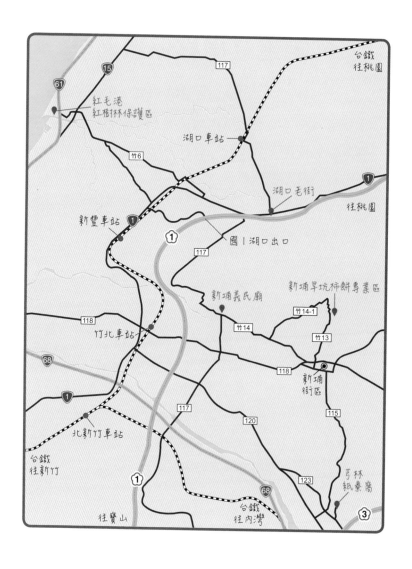

紅毛港紅樹林保護區

　　台灣海岸河口地區紅樹林很多，紅樹以水筆仔最常見，有些區域僅此一種。若論北台灣由水筆仔與海茄苳混生的紅樹林，則新竹縣紅毛溪出海口的紅毛港保護區，是僅有的一處。這個地區不在交通要道上，紅樹林受到的干擾較少，得以大致保持原貌，值得深入了解。

　　保護區位在紅毛港溪南岸，占地約 8.5 公頃，區內建有進入紅樹林深處的木棧道，中央是一座二層樓的觀景亭。走在木棧道上，兩旁繁茂的紅樹林伸手可及，樹根旁濕地上彈塗魚、招潮蟹等紅樹林區的招牌動物都可以看見，水鳥穿梭覓食，潮升潮落，腳下的景色又不相同。登上觀景亭二樓，居高臨下，以 360 度的展望看盡這片紅樹林全貌，更可眺望台灣海峽，讓人心胸開朗，有與大自然合而為一之感。

紅毛港紅樹林保護區

湖口老街

今日新竹縣湖口鄉的市街有兩處，一稱「新湖口」，一稱「老湖口」，景觀迥然不同。造成這種現象的，正是台灣開發史上那隻「看不見的手」。

湖口位於台地上，是客家庄，移民大多來自廣東陸豐。自1794年客屬移民來此開墾後，建立村莊，並向東方的山地發展，於是在山區和台地連接處的路口成為貨物集散地，稱為湖口。1892－1893年清政府修築台北至新竹的鐵路至此，設有一站，每天通車6班，載客量達400人，湖口的商業立刻大為發達，車站附近人潮聚集，出現商業街道。

日本統治初期，湖口商業持續發展，店家翻修店面，以紅磚為主要建材，架構為連棟閩南式長條形店鋪住宅，各戶立面牌樓則採取當時流行的巴洛克式設計，以拱圈牌樓與雕刻藝術著稱，精雕細琢，中央上方大書店主的姓氏如「黃」、

「劉」等，成為台灣北部客家區最重要的商業街。後來日本政府修築台灣縱貫鐵路，認為清統治時期修築的鐵路在湖口附近位置不佳，就將原線廢棄，在西方修建新路線，使用迄今，湖口站遂告遷移，新站附近稱為「新湖口」，將原有的

湖口老街

商業取而代之。原來湖口的街區於是變成「老湖口」，頓時失去交通與商業的重要性，迅速沒落。然而昔日因鐵路通過而繁榮的街道與建築，從此因為居民經濟條件較差，並未被台灣經濟發展後的房屋改建潮流淹沒，得以大致維持原貌，成為難得的古蹟。歷史發展在此展現當事人無法想像的一面，老湖口當年繁盛的街道也因此成為湖口老街。類似的現象也出現在中國大陸山西省平遙縣，竟使平遙古城成為中國北方保存最完整的古城。

今日湖口老街充滿特有的懷舊與藝術氛圍，老街兩頭一端為客家傳統信仰的廟宇三元宮，主祀天官、地官、水官，稱為三元大帝；另一端為現已停用的湖口天主教堂，老街中段當年的電影院則成為一家餐廳，配上舊日湖口火車站僅剩的月台遺跡、附近裝甲兵基地贈送的舊式戰車，讓遊客在漫步徘徊之餘，自然而然領略到一個地方的發展演變與歲月滄桑。

新埔義民廟

　　台灣在清統治時代遠處海外，一旦有大規模動亂發生，駐守官兵不足以平亂，從大陸調軍又曠日廢時，地方政府的因應之道，便是招募鄉勇作戰以解燃眉之急。清統治時代來台移民之間分類意識強烈，每當亂起，政府往往招募和變民不同原籍的墾民入伍，而各地村莊恐怕受到攻擊，也自組鄉勇以對抗變民。此種支持清政府，協助作戰的民眾，清政府稱為「義民」。每次事變平定後，清廷對義民論功行賞，獎勵方法有獎金、免稅、特許權等，對義民地區的廟宇，則以皇帝名義頒發牌匾，以表彰功績，並證明其地位，客家籍義民即獲頒「褒忠」匾額。以後客家地區對於為鄉土而犧牲的祖先們，將尊崇和感謝轉化為信仰，稱為「義民爺」，至今最著名者為新竹新埔義民廟，是體會義民與義民信仰最佳場所。

　　新埔義民廟祭祀 1786 年林爽文事件中，死難之客家籍民眾二百餘人，另有乙未戰爭中因抗日

新埔義民廟

保台而犧牲者。此廟規模宏大，占地廣闊，後山有園區、步道，廟內收藏歷年建醮時舉辦「神豬」比賽獲勝者的照片；尤其還有「神羊」比賽優勝者的照片，每隻羊都身體強壯，羊角長大崢嶸，呈螺旋狀，在台灣難得一見。

新埔旱坑柿餅專業區

台灣的鄉鎮中，有些已經開發出特有的產

業，以某種特產聞名，成為旅遊的重點。這種以特產聞名的例子，在新竹縣就有關西鎮的仙草、新埔鎮的柿餅。新埔地區種柿子由來已久，此地位於鳳山溪北岸，鎮北就是山區，每年秋冬，東北季風從新埔鎮旱坑翻山而下，強勁乾燥，稱為「九降風」，配合日照，成為製作柿餅的理想環境。大致從 9 月下旬起至翌年 1 月，新埔旱坑的各處農場紛紛將柿子削皮後置滿棚架上，讓排排站的柿子大軍接受強風與日光的洗禮，被大自然轉變成金紅色的美味柿餅。此時訪問旱坑柿餅專業區，在溫暖的秋冬陽光下欣賞滿坑滿谷黃澄澄的柿果，靜好豐足的感覺充溢心胸。

新埔生產石柿、牛心柿與筆柿，都可以製作成柿餅，另有柿乾、柿霜及柿子冰棒等產品。山坡上的柿子園可以參觀。柿皮還可以作為柿黃色染料的來源，柿染布 DIY 是來旱坑旅遊另一項有趣的事。

《憶江南》與老友遊新埔柿鄉

風九降　柿餅染星霜

新埔街頭嚐客味　故人嶺頂對斜陽

君且盡茲觴

新埔旱坑柿餅專業區

芎林紙寮窩

芎林鄉就在新埔鎮的南邊，與竹東同一個北二高交流道，也是新竹縣丘陵地區的農業鄉。從芎林街區的一條巷子進去，內部是三面環山、一面開口的窩形地，附近滿布桂竹林，水源豐富，就是紙寮窩。自清乾隆末年起，有劉氏家族來此地開墾，運用桂竹與水資源，開啟手工以竹造紙的工藝與產業，生產拜神祭祖用的金紙，規模逐漸擴大，紙寮窩也成為北台灣最大的造紙聚落。後日本政府推動皇民化政策，禁止台灣民間信仰習俗，金紙也遭禁；國民政府來台後則出現機械化造紙廠，以大量生產的金紙低價競爭，紙寮窩的傳統造紙產業因此逐漸沒落。

1994 年（民國 83 年），紙寮窩的長輩們決定保存舊時的造紙文化，乃成立造紙工坊，傳承人工造紙傳統，並向社會大眾介紹。今日紙寮窩社區中陳列大型石滾輪等古式造紙器材，以古法製造的紙張產品、紙工藝品，並提供造紙 DIY、造

紙歷史文化導覽等，終於使台灣開發的這一頁不致湮沒。來此參訪後，若還想做一些健行活動，則紙寮窩附近的文林古道穿行在竹林間，可以通往鄧雨賢音樂文化公園。

◉ 附註說明

「紅毛溪」、「紅毛港」的地名，台灣有幾處，表示這樣的地點曾出現過西方人，也是台灣開發史上的一頁。

紅毛港紅樹林是自然生態保護區，不可攀折樹枝、釣捕魚蟹，父母尤其不應該帶著小孩這樣玩。若想在此區釣魚，紅毛港溪北岸及通往紅樹林保護區的橋上，都可以釣獲肥大的鹹水台灣鯛。

湖口老街的餐館提供客家菜，粄條最為著名，沿街有農民出售當地農產品。

新埔街區內有劉氏家廟、傳統菜市場，各具特色。

路線 13

探訪竹塹文史山水

「竹塹」為新竹的古稱。清朝統治台灣初期，為避免流民反叛，曾禁止台灣建造磚石城，故 1733 年（雍正 11 年）新竹開始設治時，是在居民區四周遍植莿竹，以竹為城，因此得名。新竹發展的過程有許多特殊之處，都留下歷史的痕跡，有待我們訪視流連，深刻體認。

行程

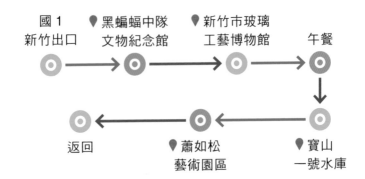

國 1
新竹出口　● 黑蝙蝠中隊　● 新竹市玻璃
　　　　　文物紀念館　　工藝博物館　　　午餐

返回　　　● 蕭如松　　　　　　　● 寶山
　　　　　藝術園區　　　　　　　一號水庫

黑蝙蝠中隊文物紀念館

　　中華民國空軍在冷戰期間的特種作戰部隊，廣為人知的是駕駛 U-2 超高空偵察機的黑貓中隊；然而若論任務最危險，犧牲最慘重，卻鮮為人知的，則是黑蝙蝠中隊。

　　1952 年美國中央情報局在台工作站「西方公司」與我國空軍合作，由我國空軍成立特種作戰部隊，使用美製螺旋槳大型飛機進入大陸，執行空投、心戰與電子偵察任務。該部隊長駐新竹基地，對外使用「空軍第 34 中隊」番號，中隊隊徽主體為蝙蝠振翅衝破鐵幕，代表任務艱難卻士氣如虹；又以北斗七星代表夜間航行，三顆大星和四顆小星代表第 34 中隊。蝙蝠夜間以聲波來辨位飛行，和該中隊雷達電子偵測的工作原理相同，所以第 34 中隊又被稱為「黑蝙蝠中隊」。

　　由於當時電子偵測干擾儀器體積龐大，黑蝙蝠中隊的飛機必須拆除所有自衛武裝，才有足夠空間裝設；此種任務飛行高度不高，在敵機作戰

範圍內，螺旋槳大型飛機的速度與靈活性，又遠低於中共空軍的米格噴射戰鬥機，遂造成這支部隊成為中華民國空軍犧牲最慘烈的特種部隊。黑蝙蝠中隊從事特種任務期間（1952－1972 年），總計損失飛機 15 架、犧牲作戰人員 148 人，留下冷戰期間最讓人動容的一頁歷史。

如今在當年黑蝙蝠中隊的營區原址，即新竹東大路二段東大公園內，設有紀念館，展出黑蝙蝠中隊的各項紀錄與當年的文物。紀念館外型參考當年的美軍顧問團宿舍外觀建造，尤其具有歷史意義。中華民國空軍的這一頁血淚史，讓人低迴流連，永遠不應忘記。

新竹市玻璃工藝博物館

新竹地區出產矽砂與天然氣，恰好配合起來製造玻璃。日本統治時期有鑑於此，開始在新竹發展製玻璃工業，以生產工業儀器、醫療器材和生活用器皿。其後有部分漸漸轉變為生產具有

黑蝙蝠中隊文物紀念館

藝術內涵的玻璃產品，利用工業玻璃的碎片燒製成有趣的動物造形，於是裝飾用玻璃的小型產業出現，玻璃工藝由此開端。新竹地方政府為讓民眾瞭解新竹玻璃產業，協助當地玻璃產業升級，在新竹公園內成立玻璃工藝博物館。館區陳設各種玻璃藝術作品，旁邊還有玻璃工坊教學，可以DIY試製個人專屬的玻璃器皿，成為新竹深具地方產業歷史特色的代表性展館。

博物館的建築原是日本新竹州自治會館，主要作為集會、迎賓、招待皇族與高級官員之用。主體建築於1937年落成，當時日本已決定大舉侵入中國，並準備進軍南洋，因此公共建築外部採用低調棕、灰黃等「國防色」的磁磚，造型也方正單調，與明治晚期乃至大正年間的紅磚石雕、巴洛克藝術造型截然不同，這座建築可以作為代表的案例。

寶山一號水庫

寶山水庫

　　新竹科學工業園區的工廠需要大量工業用水，新竹、竹北、寶山、竹東等地區因工業發展而人口增加，也需要飲用水，寶山水庫應運而生。水庫位於新竹縣寶山鄉山湖村柯子湖溪上游，共有二座，稱為寶山一號及寶山二號水庫。寶山一號水庫於 1984 年完工，水庫落成後，原本的山林坑谷變成碧波湖水，經增建吊橋、鋪設步道後，成為新竹附近最佳的山水景致。

　　寶山一號水庫建有環湖步道，可將水庫周圍的湖光山色一覽無遺。徒步環湖可從學府路、尖山路口開始，沿尖山路前行，經過碧湖吊橋、寶湖吊橋，回到學府路。漫步在湖畔清幽小徑間，領略二座美麗吊橋的風光，而咫尺之外新竹鬧市的十丈紅塵、新竹工業園區內盯著「良率」的緊張，都到此忘卻。

蕭如松藝術園區

　　新竹縣竹東鎮曾常駐一位台灣重要的水彩畫家蕭如松先生。他長期擔任小學、中學美術老師，每天上午七點準時到校，因此獲得「叫太陽起床的人」之美名；畢生從事水彩畫創作，參加畫展，研究美術理論，又獲得「新竹縣之美詮釋者」之美名。蕭先生在竹東的畫室附近，現已整建為藝術園區。

蕭如松藝術園區

園區原為日式宿舍區，經整修復舊後，闢建展示蕭如松畫家生前生活型態的博物館，展出使用過的器具、文物、文件等；另有園區博物館，展示各棟修復過程及日式建築特色。參觀後可在園區內的咖啡店小坐休憩，品嘗下午茶，在美感中結束此次行程。

✅ 附註說明

寶山一號水庫岸邊有一間庭園餐廳，有時出現新竹、竹北科學園區為青年男女舉辦的婚友聯誼活動，成為寶山水庫邊特有的景象。

寶山水庫附近為柑橘類著名產區，椪柑、桶柑、茂谷柑皆備，冬季來此可以品嘗選購。

路線 **14**

新竹市區漫步
與鐵路子母隧道行

自從高速鐵路通車後,旅人更可以節省時間,一些旅遊路線得以在控制時間的前提下,搭乘大眾交通工具完成。以高鐵新竹站為起點,可以使用大眾交通工具,從新竹縣到苗栗縣,安排一次內容多樣的旅程。

行程

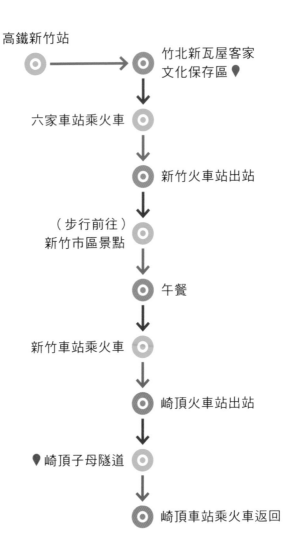

高鐵新竹站

竹北新瓦屋客家
文化保存區 ♥

六家車站乘火車

新竹火車站出站

（步行前往）
新竹市區景點

午餐

新竹車站乘火車

崎頂火車站出站

♥ 崎頂子母隧道

崎頂車站乘火車返回

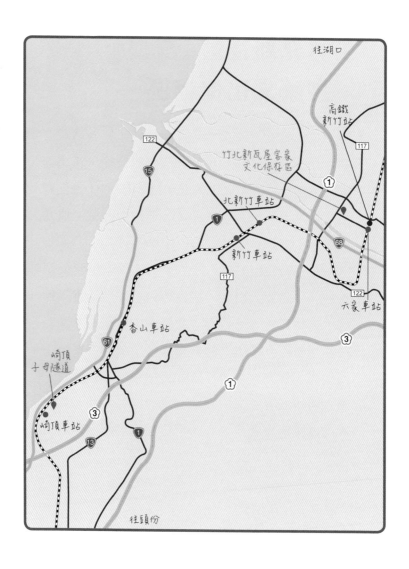

往湖口

高鐵
新竹站

122

15

竹北新瓦屋客家
文化保存區

117

1

北新竹車站

1

新竹車站

68

117

122

六家車站

香山車站

3

61

1

崎頂
子母隧道

3

崎頂車站

13

1

往頭份

竹北新瓦屋
客家文化保存區

　　位於竹北六家火車站以西不遠，原為清代廣東省潮州府饒平縣移民林氏家族的公廳，後來逐漸成為新竹縣客家文化的展示場。1990年籌備興建高速鐵路，新瓦屋被徵收，但得以保留，成為台灣第一個客家文化保存區。

　　目前新瓦屋客家文化保存區以忠孝堂公廳為核心，主要入口是一座古色古香的西河世第門樓，入內有禾埕、巷弄、老屋與圍牆殘壁，園區北側保留為水稻田生態教育園區，依時序種植不同作物，還原客家農村景致，與台北市汀州路、師大路口的客家文化園區有異曲同工之妙。此聚落內建築新舊融合，可謂新竹地區古蹟保存與再利用的代表。

新竹市區

　　新竹火車站有前站與後站出口，前已介紹過的黑蝙蝠中隊紀念館由前站出口，一般人步行可

新竹火車站

新竹城隍廟口

至，附近尚有眷村博物館、新竹中學辛志平校長故居、傳統新竹花生醬賣店等；新竹玻璃工藝博物館則由後站出口，一般人也步行可至，附近尚有新竹孔廟、新竹動物園等。春季新竹公園櫻花盛開，為景點平添顏色。

崎頂子母隧道

　　崎頂是縱貫鐵路上的一個小站，屬苗栗縣。日本統治時期修築的台灣縱貫鐵路，基隆到竹南間為雙線，行至崎頂站北的山區，修鑿兩座相連的隧道，稱為崎頂一號、二號隧道，於 1928 年通車。兩座隧道相隔很近，一長一短，所以稱為「崎頂子母隧道」，是全台灣唯一兩座相連的雙線鐵路隧道。崎頂一號隧道是「母隧道」，長度為 130.78 公尺，崎頂二號隧道長度 67.48 公尺，稱為「子隧道」。二座隧道洞門以水泥磚砌成，與日本統治時期其他鐵路隧道以紅磚砌成不同，在台灣鐵路發展史上有其特殊之處。1978 年基隆—竹

南間鐵路電氣化工程完工通車，兩座隧道從此停用。2005 年竹南鎮公所將隧道及周邊環境整理成為崎頂隧道文化公園。

二次大戰後期美軍轟炸台灣，護航的戰鬥機常追逐日本火車掃射，在崎頂隧道南方入口處留下許多彈痕，見證那次戰爭對台灣的影響。到現場參觀時請注意，美機的機槍彈痕全部留在隧道南口的左側，那是因為台灣鐵路採取日本規制，

崎頂子母隧道

火車在雙線路段靠左行駛，美國戰鬥機追著由南向北行駛的日本火車一路掃射，直到火車鑽進隧道才拉高離開，最後未能命中的子彈就打到隧道南口的左側牆壁上了。

從崎頂火車站走到崎頂舊隧道的路上有一處觀景台，展望甚佳。在此遠眺台灣海峽的輪船，近看在下方通過的火車，海陸交通狀況盡收眼底。每當晴天日落時分，一邊吹著海風，一邊面對一輪紅日緩緩沉入大海，會深感不虛此行。

● 附註說明

本行程步行距離較長，竹北與新竹火車站附近步行前往的景點，遊客可依本身體力自行調配，萬一體力不許可，則可以在竹北或新竹市二者中擇一而行。

新竹城隍廟馳名已久，不必贅言。清華大學、交通大學校園皆可一遊，惟若從車站啟程，宜搭車前往。

訪新竹客庄品賞茶香

新竹縣東南部山區關西至峨嵋一帶，環境山明水秀，早已是台灣北部重要的產茶區，古老的茶廠隱身在清幽的鄉鎮間，到今天仍然持續運作。本次旅程以新竹的產茶區為目標，探訪此地區柔美環境中的優雅茶文化，並實際體驗品嘗。

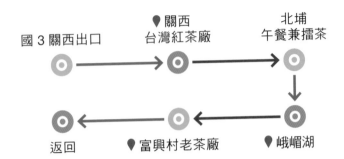

國 3 關西出口　→　**♥關西**
　　　　　　　　　　台灣紅茶廠　→　北埔
　　　　　　　　　　　　　　　　　　午餐兼擂茶

↓

返回　←　**♥富興村老茶廠**　←　**♥峨嵋湖**

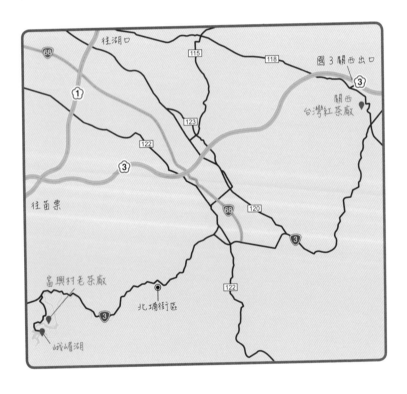

▌關西台灣紅茶廠

　　台灣紅茶的產銷開展於日本統治時期，關西的台灣紅茶股份有限公司紅茶工廠，可以作為當年台灣本土紅茶企業的代表者。此公司創立於1937年，當時以精製紅茶為主要產品，出口至全球八十多個港口，六十多個國家；現在則以高品質蒸菁綠茶及綠茶粉為主力產品，仍外銷至日本。茶廠提供導覽，詳細介紹這座難得一見的老工廠，並有冷泡綠茶，供遊客試行品嘗。

　　茶廠位於二層樓的紅磚老房屋中，室內大型製茶機器矗立，旁邊是外銷茶葉包裝用的木板箱，配上世界主要港口的英文名稱挖空鐵牌，以古物說明當年的產銷盛況。廠區還停著一輛骨董級的美國雪佛蘭牌老汽車，現在也極為罕見。站在古老工廠中央，日光從窗間流瀉而下，紅茶產業的古物在微暗中一一展現，使人一下子就融入這項產業的歷史中。

北埔

　　新竹縣北埔鄉在台灣開發史上有其特殊地位，它是「金廣福公館」所在地。緣1835年，廣東客家籍人士姜秀鑾及福建閩南籍人士林德修、周邦正取得清朝官方同意並授權，設立由閩、粵合股的武裝拓墾組織，從今日的北埔開始拓墾。當時的拓墾總部及隘防指揮中心稱為金廣福公館，設於北埔。金廣福中的「金」為台商取名慣例，以求多金，也有一說「金」代表「清」，意為這是獲得清政府授權與支持的墾號，「廣」代表廣東，「福」代表福建。台灣早期開發史上，閩、粵人士經常發生嚴重爭鬥，稱為「閩客械鬥」，故在北埔的雙方合作，為十分少見的案例，也是台灣閩、粵族群合作的典範。但自從金廣福武裝拓墾後，不可避免地與當地的原住民（賽夏族為主）不斷衝突，雙方經常作戰，都死傷無數，原住民也因此損失這片土地。

　　經過金廣福的拓墾，今日新竹縣北埔鄉、寶

山鄉、峨眉鄉以及苗栗縣南庄鄉、三灣鄉一帶，都成為漢人的區域。在北埔的金廣福公館為兩進一院的四合院，兩側各有一條護龍。右護龍於1935年大地震後改為日式建築，左護龍仍維持清統治時期原有格局。鄰近的天水堂則是姜秀鑾的故居，堂號顯示姜家先祖來自甘肅天水。

▋擂茶

　　擂茶是客家人的特殊文化，隨著客家移民，從大陸原鄉被帶到台灣。大陸客家地區擂茶極為普遍，每天約上午十點、下午三點，客家人都吃一次擂茶，若有賓客來訪，也以擂茶招待。即使

擂茶

逃難，擂茶都因為輕便易攜帶，且不易腐爛生蟲而成為必需品。今日新竹縣北埔鄉客家庄已經成為著名的觀光區，不少餐廳附設擂茶，可以吃完客家菜午餐後，順道體驗擂茶文化。

「擂」指研磨，擂茶製作係在陶製有凹凸溝紋的擂缽中放入原料，用擂棒將各種原料磨成細粉，再以熱開水沖泡，調勻後加幾粒炒乾的米花飲用。擂茶的傳統材料有茶葉、黑芝麻、白芝麻、花生、堅果如核桃等，近來也可以隨個人喜好加入其他原料如紅棗乾、枸杞乾等。製作擂茶必須有耐心，各種原料都應該先壓碎再磨細，要磨到芝麻、花生出油，成為糊狀才算完成。擂茶棒也有講究，是以芭樂樹、油茶樹幹製作者最佳，取其木質堅韌，還帶有一絲香氣。

▎峨嵋湖

新竹縣峨眉鄉舊稱「月眉」，峨眉溪流經此地，形成半月形的地貌而得名，日本統治時代

峨嵋湖

改名為「峨眉」。1960 年政府在峨眉溪上築壩攔水，建成一座灌溉為主要功能的水庫，蓄水面積 135 公頃，稱為峨眉湖。峨眉湖位於丘陵區，青山綠水互相依傍，湖光山影相映成趣，湖區蜿蜒曲折，圍成三面環水的半島。湖岸設有約 3500 公尺的環形步道，季節對了，還能欣賞桐花和螢火蟲。峨眉湖北岸為富興聚落及老街，湖的東南側則為十二寮農業休閒園區，可連續遊覽。

富興村老茶廠

峨眉湖旁有一座青銅彌勒大佛像，遠遠就可望見，在其後方附近停車後，走彌勒園區旁的小路，經過風光明媚的細茅埔吊橋即可抵達富興聚落。這座以產茶著名的村子保有數處古宅，以曾家老宅院最著名。曾家古厝大門口有一棵歪向一邊的老柏樹，極具特色。進門以長石板鋪成走道，門額上大書「魯國堂」，代表主人以曾子的後代自豪。主體是一棟兩層樓的建築，作為茶廠使

富興村老茶廠

用，就是有百年歷史的富興茶廠。今日茶廠已轉型為文化館，展出富興茶廠的歷史，許多大型製茶機具都保留原貌，實為了解台灣茶產業不可多得的地方。

⊘ 附註說明

北埔如今已成為著名的觀光區，假日遊人眾多，其南方的南埔地區則遊客較少，保留不少鄉村原貌。

北埔以北不遠的北埔第一棧內有椪風茶文物館、老式榨茶籽油示範等，可配合附近的煙豐茶廠參觀。

峨眉鄉的街區保有許多北部客家庄的原貌，雖不在峨眉湖邊，值得另行探訪。

清泉名人故居懷舊

新竹縣五峰鄉是個山地鄉,因轄區內有五座連續的山峰,遠望如伸出的五指而得名。此地山青水碧,環境清幽,有與世隔絕之貌,世外桃源之意。溪谷邊的清泉溫泉,為山區的精華點,也是張學良、三毛二位名人故居所在。這趟行程將深入山區,投入台灣山岳的懷抱,訪問遠在山中的名人故居,體驗他們當時的心境。

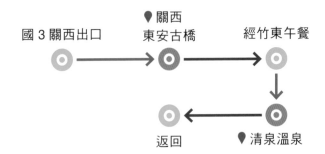

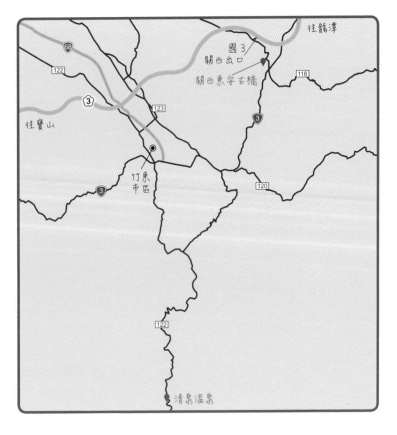

關西東安古橋

　　新竹縣關西鎮古稱「鹹菜甕」，屬於客家區，居民醃製鹹菜特多，以此得名。日本統治台灣後，以「鹹菜」閩南語發音近似かんさい，日文同音漢字為「關西」，因而將地名改為關西。

　　關西地區有牛欄河流過，兩岸居民往來，早期靠木造便橋，卻總在山洪爆發時被沖毀，交通經常中斷。日本統治期間，地方人士倡議建橋。1933年，由日本政府、地方仕紳、地區居民共同出資，聘請日本技師設計，採集紋理細緻的本地石塊，交由本地知名的石匠李鎮帶隊砌築。1935年正式通車後，山區豐富的農產大量運至關西街上販售，為關西開發史中重要的里程碑。隨著經濟發展，車輛流量倍增，為紓解日益繁忙的交通，2003年在老橋旁邊另築同樣的五拱新橋。從此新舊兩橋並立，兩者造型類似，而車輛因此分流，形成關西地區的特殊景觀。

　　東安古橋為五孔拱形石橋，造型優美，堅

關西東安古橋

固耐用，經過數十寒暑的人來車往，依然完好如昔。橋下方的河段，也整建為牛欄河親水公園，內有水牛像、吊橋、石塊造景等。東安橋造型古典優美，親水公園風景秀麗，時常被選為電影的拍攝場景。電影《鬼情書》、《我的少女時代》都在此取景拍攝。

清泉溫泉

清泉溫泉位於新竹縣五峰鄉桃山村，舊名「井上溫泉」，日本統治時代即以溫泉聞名，名列新竹八景之一的「清泉試浴」。因水質澄清，PH值 7.7，為弱鹼性碳酸泉，無色無味，故稱清泉。水溫約 48 度，天氣變涼時，泉溫也隨之提高，為其特色，可稱為體貼浴客的溫泉。

清泉溫泉原本水量豐沛，相傳古時儲泉水池大到可以游泳，受傷的山鴿也常來此濯泉治療。後來在強烈颱風侵襲時山洪爆發，導致地層變動，水脈斷絕，溫泉一度消失；但經過 921 大地

竹東天主堂（屋頂的山頂與十字架現已拆除）與市場

震的翻天覆地後，溫泉又告復活，大量湧出，成為今天的樣貌。

清泉溫泉旅遊區沿河谷兩側展開，共有三座吊橋跨越，景色各有千秋。泰雅族原住民的清泉部落就在附近，周圍層巒疊翠，森林蔽天，春來桃花、櫻花夾道，溪谷為之增豔。風景區內有清泉步道、桃山步道、瀑布、山地文物館等，當地的天主堂可作為台灣山地天主教會建築的代表。這個宛如世外桃源的地方，還以張學良（1901－2001年）、趙四小姐夫婦軟禁地著稱，唯原本的張學良故居已遭颱風山洪沖毀，近年在清泉另擇安全地點重建，盡可能保持原貌，成為張學良文化園區；後來又在故居舊址上方附近重建一棟日式房屋，作為賽夏族文物陳列館。作家三毛（原名陳懋平、陳平，1943－1991年）亦曾在清泉居住，其故居今日亦成景點。

張學良故居

附錄張學良晚年名言：

不怕死，不愛錢，丈夫絕不受人憐。頂天立地男兒漢，磊落光明度餘年。

清泉三毛夢屋

這是一棟小型的紅磚屋，位於清泉一號吊橋上方約 50 公尺處。入口是一棵肖楠樹，據說是作家三毛喜歡沉思靜坐的地方。紅磚屋下方就是深邃的喀羅溪河谷，丁松青神父主持的清泉天主堂在對岸山腰。

1984 年初，三毛第三度來到五峰鄉清泉部落，這戶窗戶破損的紅磚房吸引她的注意，她認為是「一生拾荒生涯中的又一個高潮」，打算整修成她的夢中之家。屋子在 1984 年 5 月近完工，三毛卻發生健康問題，要去美國醫病。丁松青則鼓勵她可將小屋開放，留給莘莘學生。2005 年，新竹縣政府整修張學良故居和作家三毛夢屋。約 2011 年，徐秀容女士租下三毛夢屋開設咖啡館，

以收入來維持房子運作，也把部分所得拿來幫助部落孩童。屋內展示三毛過去的文學創作與舊照片，也可買到三毛的作品。

⊙ 附註說明

本路線若從台北出發，距離較遠，行車時間較長，請注意。

竹東為前往清泉的必經之處，鎮內有大型傳統市場，貨品應有盡有，誠為台灣地方性市場的代表，唯只營業到中午。

竹東至清泉之間，軟橋社區可以參觀，再上行一段，有另一條公路通往五指山。五指山是五峰鄉得名的由來，有登山小徑連續上下五座山峰，尤以猴洞步道一線天附近最為險要壯觀。山下寺廟前有許多山產出售。從五指山可通往北埔，著名的北埔冷泉就在路上。

清泉也在前往雪霸國家公園觀霧景區的必經之路上，來往於觀霧的途中，可停留順遊。

苗栗傳統產業體驗

我們旅行於台北—新竹—台中之間時,往往錯過苗栗。這個原來稱為「貓貍」的縣地勢崎嶇,各平地人口密集區多被山地阻隔,交通受限,發展上面臨諸多挑戰,較為緩慢,反而因此保有許多古老的聚落、產業與文物,值得深度旅遊。本次行程將深入苗栗縣中部,造訪幾項現在難得一見的傳統產業,見證台灣的多樣性。

行程

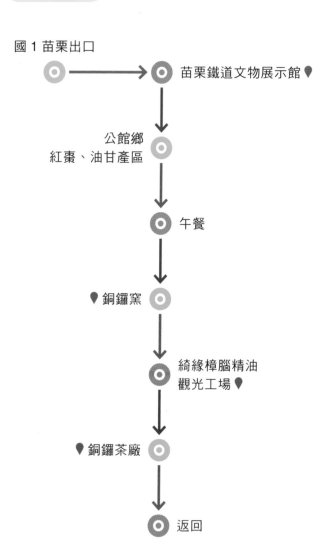

國 1 苗栗出口

苗栗鐵道文物展示館♥

公館鄉
紅棗、油甘產區

午餐

♥銅鑼窯

綺緣樟腦精油
觀光工場♥

♥銅鑼茶廠

返回

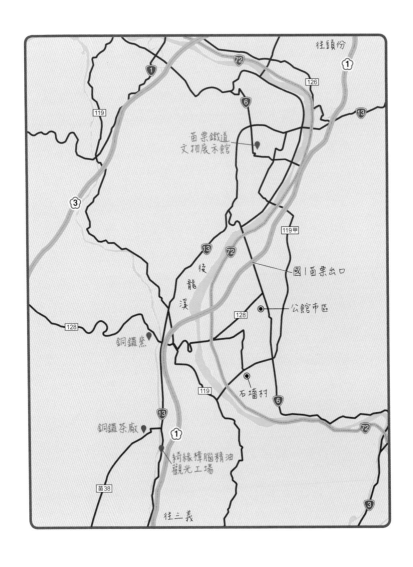

▌苗栗鐵道文物展示館

　　苗栗火車站旁邊，有一座專門保存台灣鐵道文物與車輛的展示館。展示品包括台鐵曾使用的車輛、台糖與林務局曾使用的鐵路車輛及部分鐵路器材等，都停放在一處開闊的展間。這些曾經在台灣鐵路上縱橫風雲，穿山越河，我們都乘坐過的火車，退休之後靜靜停在這裡，等我們重溫當年台灣鐵路的無數故事。

　　館中展示的車輛與器材種類很多，琳瑯滿目，還有台鐵的藝術家利用廢棄材料焊接成的藝術品，兩位鋼鐵衛兵手持盾牌，矗立左右，旁邊長椅的椅腳，卻是兩個火車車輪。現在以最重要的蒸汽機車為例，介紹其間豐富的台灣鐵路歷史文物：

蒸汽機車展示目錄

CT152 號：屬 CT150 型，日本汽車製造於 1919
　　年生產，為客貨兩用蒸汽機車。

DT561 號：屬 DT560 型，美國機車公司於 1920
　　年生產，為貨運用蒸汽機車。
　　以上兩部蒸汽機車都甚為龐大，氣勢雄偉，但
　　外型明顯差異，正代表日本與美國不同的鐵路
　　文化。
28 號：阿里山森林鐵路的 28 噸級 28 號蒸汽機
　　車，為阿里山本線之主力機車。

苗栗鐵道文物展示館

331號：台糖公司虎尾總廠的331號蒸汽機車，為典型的糖業鐵路機車。

公館鄉紅棗

台灣市面上購買到的紅棗，大多來自中國大陸，土生土長的台灣紅棗，就只有在苗栗的公館鄉生產。想一窺紅棗的廬山真面目，在台灣就應該前往苗栗縣公館鄉。公館紅棗的歷史已有百年。最早由居民陳家先人從廣東客家原鄉引進鄉內的石墻村，推廣種植，公館鄉遂成為台灣紅棗的故鄉。

若在冬季或初春來到公館石墻村，望去園子裡都是一排排灰色枯樹，正是冬眠中的棗樹。棗樹在3月中萌芽，4月中左右開花，7月到8月結出一顆顆的紅棗，10月後開始落葉，進入養精蓄銳的睡眠期。棗樹一年的休息時間很長，若想親自採果，應在夏季造訪。

公館鄉栽種紅棗的面積大約60公頃，投入

紅棗

的農家有近百戶，但產量仍然無法供應全國的市場，所以台灣本地新鮮的紅棗，其他地方一果難求，想品嘗最好是直接到公館鄉走一趟。7、8月紅棗盛產時，許多農家在路邊曬棗，帶來一片鮮紅的景觀，也會開放採果。鄉間悠閒的小路，是騎自行車遊覽的上選地區，還可以到氣氛十足的田園餐廳，享用紅棗特色餐。

新鮮的紅棗就是風味絕佳的水果，在綠色的果實上，帶些紅色的斑澤時，是最適合鮮食的狀態。公館鄉也製造許多以紅棗為原料的食品，包括紅棗乾、紅棗果醬、紅棗麵線、紅棗醋、紅棗養生茶、紅棗冰棒、紅棗蜜餞、紅棗杏仁餅等，選購伴手禮不可錯過。

公館鄉農業特產

苗栗縣公館鄉有三項農業特產，第一是紅棗，已如前述；第二是芋頭，鄉內有大塊芋田，芋莖亭亭而立，芋葉隨風翻飛，景色可觀，芋頭鬆軟綿密，品質甚佳，可就近品嘗；第三是油甘（印度名「庵摩勒」，中文正名應為「餘甘」），為保健水果，亦可製作蜜餞，鄉內現有專業油甘園可參觀，園內果樹林立，產期結實累累。

公館鄉

銅鑼窯

　　陶瓷業是苗栗縣的傳統製造業之一，以燒製實用生活器皿為主，曾經風光一時，產品銷售到世界各地。近年來產業逐漸外移，已不復往日盛況，但仍然有人堅持傳統，傳承技藝，期許為當地陶產業注入年輕活力，發揚光大，延續客庄陶文化產業命脈，銅鑼窯為其中的佼佼者。銅鑼地區自日本統治時期開始製作陶甕，延續甚久，民國73－74年間是全盛時期。台灣省菸酒公賣局釀酒用的酒甕，絕大多數產自苗栗，總計曾生產約45萬個大酒甕。陶甕窯業中，又以銅鑼窯最著名。

　　銅鑼窯業位於銅鑼鄉往通霄的路上，保留老式的屋瓦，門前一排高約2公尺的大型陶甕，充分說明其特色。已故創辦人張信享先生17歲即拜師學習手擠坏成型的技巧，不用陶輪，擅長超大甕缸製作，1967年獨資創設「銅鑼窯業」，生產花盆、醃甕、醬油缸等。目前由第三代年輕的窯主張維翰繼承。窯區內可參觀手擠坏陶業的製作

過程，也出售各項產品。

▌綺緣樟腦精油觀光工場

這是一間創立於 1937 年，位於苗栗縣銅鑼鄉的樟腦油工廠，也是保留台灣古法蒸煉樟腦油的

樟腦油工廠

極少數僅存老店之一。台灣北部山區盛產樟樹，19世紀後期瑞典人諾貝爾發明無煙火藥，配方中含有樟腦，頓時使樟腦身價百倍，也造成台灣北部興盛一時的樟腦產業。

　　清朝統治晚期，台灣的樟腦產量就已經位居全球之冠。到日本統治時期，將樟腦收歸總督府專賣。當時專門從事樟腦製造的男性稱為「腦丁」，由日本政府考試合格後發給執照，經營樟腦事業。二次大戰後期日本徵調許多台灣青年入伍，派往南洋作戰，往往有去無回；但腦丁因屬特殊技術人才而免徵兵，故腦丁執照民間稱為「免死牌」。全盛時世界樟腦油90％的產量來自台灣，其中又有95％集中於苗栗，主要分布在銅鑼、三義一帶。民國60年代是台灣樟腦油產業再造鼎盛時期，當時僅銅鑼鄉境內，就有超過百家樟腦廠。以後在中國大陸及東南亞的廉價化學樟腦油競爭下，天然樟腦油逐漸失去市場優勢，工廠連續關閉，銅鑼的樟腦產業迅速沒落。

　　綺緣樟腦精油觀光工場從兩座樟腦爐起家，

是目前苗栗仍在經營的樟腦油廠中規模最大者，由吳氏家族第三代經營。工廠中保有一塊檜木，轉印一張「腦丁執照」，原執照由日本台灣總督府頒發給第一代創業者吳阿相先生，時為 1937 年 9 月 14 日。面對此塊牌匾，當可見證台灣樟腦產業的歷史風華，與綺緣樟腦精油觀光工場的三代傳承。

觀光工廠各項設備皆開放參觀，常可親眼目睹蒸餾提煉樟腦的實際作業狀況，並出售傳統樟腦油，另有樟腦香皂、沐浴乳及香水、保養品等系列的樟腦產品，為苗栗特色產業。

▍銅鑼茶廠

銅鑼鄉位居苗栗市南方，地名源自「銅鑼灣」一詞。當地因聚落建造於三面環山的弧形山麓，地形狀似樂器銅鑼，又因一面開口，成一灣狀，故稱銅鑼灣。

銅鑼茶廠座落於銅鑼鄉，隸屬台灣農林股份

有限公司，為該公司北、中、南五座茶廠之一。廠區地處丘陵台地，土質為酸性黏質紅泥土壤，日夜溫差大，又經常有雲氣通過，濕度高，生長的茶葉厚實，茶香濃郁。

銅鑼茶廠主要產品為東方美人茶、蜜香紅茶、綠茶、烏龍茶，尤以東方美人茶（俗稱膨風茶）最具地方代表性。茶園栽種以最適製東方美人茶的青心大冇茶樹為主，主要採摘期在每年的農曆芒種節氣前後，經過製茶手續，出品每年參加全國與苗栗縣東方美人茶評鑑比賽，屢次獲得各項大獎殊榮。

茶園總面積約 30 公頃，其中以自然農法有機栽種，獲得有機認證的茶園約 3 公頃，是一座著重生態環保永續的茶園。茶廠現行運作製茶，兼具訪客體驗茶園採茶、製茶與品茶的功能。旅客可預約茶園採、製茶 DIY 體驗，親身尋覓「一心二葉」採菁的感動，親手揉製屬於自己的手感茶葉。茶廠周邊規劃茶園步道，方便旅人探訪、親近茶園。

茶廠建築前側由連續落地玻璃窗構成，在此品飲茗茶，觀賞茶園風光，四季晴雨景色不同，各有其悠情與逸趣，遠方還可看見火車駛過，讓人在不知不覺中進入陶淵明詩句「悠然見南山」的意境，身心舒暢，滌淨凡塵。

銅鑼茶廠

⊘ 附註說明

　　苗栗以推廣農特產及美食產品為主軸的觀光節慶活動甚多，包括苗栗大湖鄉草莓文化季、苗栗市客家粄仔節、苗栗縣南瓜節、公館紅棗季、三灣梨涼水季、大湖風情萬種薑麻節、頭屋蘿蔔節、三義國際木雕藝術節、卓蘭水果嘉年華、大湖桃李節、銅鑼杭菊芋頭節、泰安甜柿節、西湖蕃薯文化節、後龍花生節、後龍西瓜節等。

　　銅鑼茶廠營業至下午 5 時，提供下午茶，包括銅鑼當地的客家式特色茶點如肚臍餅等，也提供午餐套餐，應先行預約。

車馳車駐，苗栗海線

苗栗縣西臨台灣海峽，在台灣西部沿海的縣市中，海岸線比較長，這段海岸一般而言遊人較少，卻蘊藏著獨特的自然與人文風光，值得細細體認。本次行程機動性較強，駕車奔馳一段時間觀賞沿線風光，駐留一段時間探訪各處景點，在車馳車駐的交替運行中，不覺走完苗栗海線。

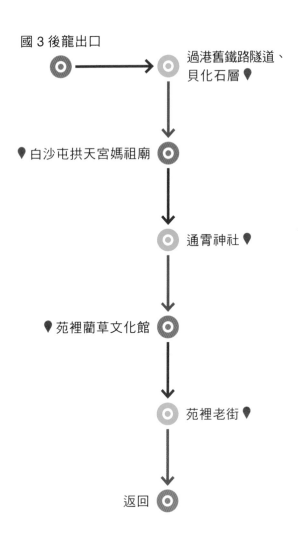

國 3 後龍出口

過港舊鐵路隧道、
貝化石層

白沙屯拱天宮媽祖廟

通霄神社

苑裡藺草文化館

苑裡老街

返回

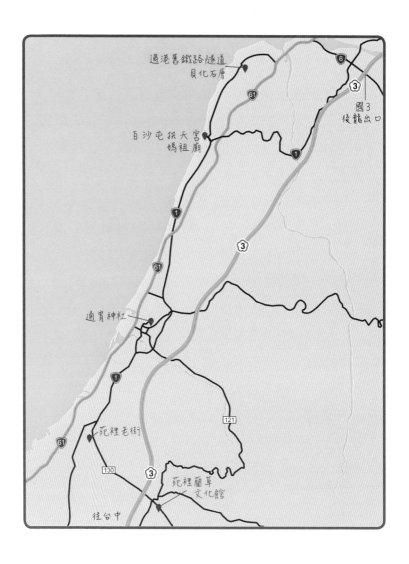

過港舊鐵路隧道
貝化石層

白沙屯拱天宮
媽祖廟

通宵神社

苑裡老街

苑裡藺草
文化館

往台中

國3
後龍出口

後龍・白沙屯・通霄・苑裡 ▍ 235

過港舊鐵路隧道

　　台灣鐵路海岸線（簡稱海線，竹南－彰化）於日本統治時期的 1922 年正式通車，係因經濟逐漸發展，運輸量增加，原有台中線（山線）不敷使用而建。海線鐵路在苗栗後龍附近有三段隧道，分別長 279 公尺、162 公尺、56 公尺，隧道斷面為馬蹄鐵弧形，內壁上半以紅磚砌成。頂部紅磚上留有多處黑色痕跡，是蒸汽機車燃煤黑煙燻成。隧道兩旁約每隔 60 公尺有一個拱形凹洞，是為隧道內工作人員躲避火車之用。1973 年，這三座隧道因鐵路電氣化改道而走入歷史，至 2015 年登錄為苗栗縣歷史建築。現內部加裝燈光，氣氛幽美，還不時有一縷海風從洞口吹拂，適合步行探訪，而一次連訪三座隧道，尤其不虛此行。

過港貝化石層

　　苗栗的海岸線因河流沖積，逐漸向西方台灣

海峽伸展，約 600 萬至 100 萬年前的海岸線，現在已經在內陸約 0.5 公里處，又經地質變動，當時岸邊的海生貝類先在地底被壓成化石，再於過港隧道附近露出地表，就是過港貝化石層，為台灣著名的古生物化石標本地區。1921 年日本總督府因闢建海線鐵路，挖掘隧道時發現此貝化石層，立碑銘文以紀念，今日已登錄為苗栗縣的縣定自然紀念物。

　過港貝化石層化石區的岩層構造以棕黃色砂岩為主，中間夾一層約 2 公尺厚的灰色細粒砂岩層。岩層間採集到的化石多為軟體動物化石，已知 135 種，以海扇蛤最多，還有錦海扇蛤、船蛤、魁蛤、真厚蛤、織紋螺、粗糙螺、赤蛙螺、錐螺、骨螺等，另有海膽類的奇異掘海錢與刻肋海膽。然而長期以來遊客往往偷挖化石，如今一般人伸展手臂的高度範圍內，化石幾乎全被挖光，以致難以近距離觀察化石，誠屬憾事。

▋白沙屯拱天宮媽祖廟

台灣的媽祖信仰遍及各處，西部海線台中以大甲鎮瀾宮香火最盛，苗栗縣則以白沙屯的拱天宮最著盛名。宮廟附近已形成市集，足以見證台灣民間信仰的活力。

▋通霄神社

通霄火車站附近有一座虎頭山公園，海拔93公尺，半山腰就是日本統治時期通霄神社的所在。此神社興建於西元1937年，目前保存部分，以各殿基台、石階、石燈籠為主，其拜殿被修改成通霄忠烈祠，為閩南式建築，祭祀延平郡王鄭成功等。

虎頭山山頂還有一座舊「日露（俄羅斯）戰役望樓記念碑」。緣1905年日俄戰爭激烈時，俄羅斯調遣波羅的海艦隊赴東亞作戰，惟因英日同盟，英國拒絕俄艦經過蘇伊士運河，俄艦隊不得

不繞道南非好望角，行程綿長，進展緩慢。日本則利用台灣各制高點觀測俄艦隊通過，預先計算時間，在對馬海峽布下陷阱，果然一戰成功，通霄虎頭山觀測站因此立碑紀念。此紀念碑現已被曾駐守於虎頭山的國軍改成「台灣光復紀念碑」，但碑體與紀念用的艦錨構造仍存。

　　山頂觀景台視野良好，東望苗栗縣的田園風光，西眺台灣海峽海景，地理與歷史在此融合，使人感懷。

通霄神社

苑裡藺草文化館

　　苑裡是苗栗海岸線最南的行政單位，南邊就是台中大甲。「大甲蓆」名聲遠播，但走一趟苑裡，才能真正體會台灣藺草編織的文化。

　　苑裡出產大量藺草，素稱「藺草之鄉」。早在約 300 年前，原住民道卡斯族婦女已能利用藺草編織坐墊。此後苑裡漢人婦女用藺草編織草蓆，出售貼補家用，藺草產業開始發展。此種工藝經過約 200 年後，到日本統治時期，苑裡更研發出藺草帽、藺草香菸盒等新產品，曾行銷全球，約 1936 年時，苑裡草帽年銷售量竟高達 1600 萬頂。當時一家人中只要有一位從事編織藺草的女性，其收入就足以維持全家生計，所以過去苑裡的女性地位較高，與台灣各地不同，成為產業影響社會習俗的典型案例。

　　自從機器編織及進口草蓆大量上市以來，藺草編織日趨沒落。苑裡鎮農會為此設立「藺草文物館」，以展現苑裡特色，期使藺草傳統文化與技

藝永續傳承。藺草文化館內設有帽蓆文化區、展售區、農村古文物展示區、米文化區、民俗文化區等，還有帽蓆編織示範特區和 DIY 教室。館外種植藺草及火炎山赤松，旁邊另有稻田彩繪，相互輝映。

藺草文化館

苑裡老街

苑裡過去因為藺草產業，商業曾頗稱繁榮，商家集中於並不長的天下路，就是苑裡老街，舊稱「苑裡街」。老街上今日仍有幾家傳統式的藺草產品店，出售手工或機織藺草產品，成為小鎮的特色。2019 年交通部觀光局舉辦「十大經典小鎮」選拔，第一輪投票中苑裡高居首位。如果來天下路傳統蓆帽店參訪一番，應可體會為何苑裡憑藺草就可以領先群倫，在全台小鎮中數一數二，當之無愧。

◐ 附註說明

過港舊隧道、貝化石層相距不遠，可順路參觀，附近尚有登山步道。

台鹽公司的通霄精鹽廠也在本路線上，有興趣亦可到訪。

東苗栗山區
農礦風光見聞

苗栗縣東部位於雪山山脈西坡,地勢由東向西逐步遞降,全區都是山地、丘陵。居民與文化屬於客家,最東的泰安鄉則為原住民區。過去由於交通不便,並非主要旅遊路線;但也因為如此,保有不少淳樸的小鎮與特殊的產業,與苗栗縣西部一山線一海線互相輝映。驅車沿著台 3 號公路前行,走走停停看看,深刻體會這個台灣被遺忘的角落,是一種特殊的經驗。

行程

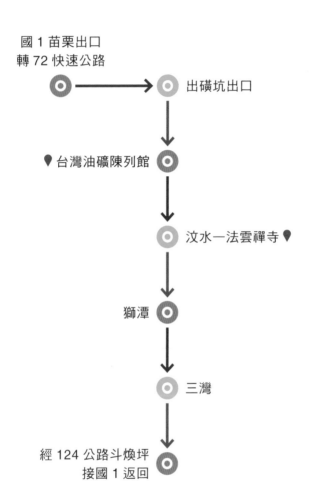

國 1 苗栗出口
轉 72 快速公路

出礦坑出口

台灣油礦陳列館

汶水—法雲禪寺

獅潭

三灣

經 124 公路斗煥坪
接國 1 返回

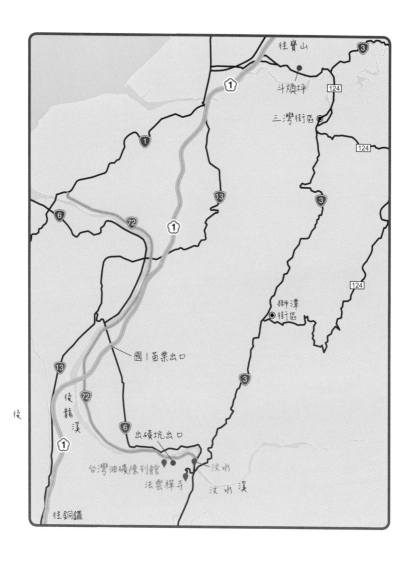

往寶山

斗煥坪

三灣街區

獅潭街區

國1苗栗出口

後龍溪

出礦坑出口

台灣油礦陳列館

法雲禪寺

汶水

汶水溪

後

往銅鑼

台灣油礦陳列館

　　苗栗縣公館鄉是台灣極少數出產石油與天然氣的地區。中油公司在苗栗市設有探採研究所，苗栗客運在 50 年前即有以天然氣為動力的客車，苗栗市北郊西山工業區許多大型工廠，均得力於公館鄉生產的天然氣。台灣最早發現石油的地點，位於苗栗縣公館鄉開礦村後龍溪岸出磺坑礦場，是亞洲第一口、全世界第二口油井，也是世界維持生產的最古老油田。

　　出磺坑礦場的設備與文物，經中油公司整理後興建陳列館，成為台灣地區唯一的石油博物館。館中有探勘鑽井生產、油氣處理與海域探勘的資料和模型等主題展覽室，詳細記錄油礦從探勘開採到發掘結束的歷程，珍貴的文獻史料和古蹟實物充分說明台灣的油礦探勘史和演進過程。還有一批玻璃瓶，內裝看似白蘭地的液體，其實是各地原油的樣本，也甚為難得。

　　大展廳分為兩部分，第一部分說明出磺坑的

油氣如何形成，以地層岩洞造型搭配動畫，帶領遊客潛入地底，回到油氣誕生的源頭；第二部分回答油氣形成後，人們如何尋找油氣，介紹地質調查人員所用的裝備，並以互動多媒體介紹震波測勘、重力與磁力探測等科學方法。展廳中央展示各時代的鑽機模型、高聳的井架，介紹鑽井技術的演進，並有各式機具設備如鑽頭、套管鑽入地層的工作樣貌，輔以動畫說明。

陳列館外坡道上是當年探勘用的地面纜車遺跡，附近路邊有一座停用的油井汲油裝置，俗稱叩頭機，是台灣僅存的一具。下方的後龍溪谷風光秀麗，溪上的出礦坑吊橋紅橋臥波，連接對面公路上的連串明隧道，提供另一種景致。

台灣石油探勘開採編年史

1817 年：苗栗公館居民吳琳芳在後龍溪畔發現浮油。

1861 年：理蕃通事邱苟於後龍溪畔出礦坑附近手掘一井，汲取原油，為台灣油礦業的開端。

台灣油礦陳列館

1877 年：清政府將石油開採收歸官辦，自美國聘請技師，以簡單機具鑽鑿油井，是以現代科學方法開發石油之始。

1895 年：日本開始統治台灣，日本海軍接管出磺坑礦權。

1903 年：臺灣石油會社創立，獲得出磺坑礦權，引進現代化開採設備，進行全面科學化探勘。

1927 年：原油總產量達 22,830 公秉，創下原油最高年產量紀錄，之後油田趨於枯竭，產量逐漸減少。

1945 年：台灣光復，中國石油公司接管前日本帝國石油株式會社及日本礦業株式會社在台灣所經營的產業。

1952 年：於出磺坑老油田構造東翼鑽獲油氣。

1970 年代：成功開發出磺坑深部新油氣層。

　　此後不再有發展，出磺坑也逐漸轉變成油礦紀念園區。

汶水

　　「汶水」在客家語中為水混濁之義。這個小小的聚落位於汶水溪匯入後龍溪處，也是苗栗至大湖的必經之路，山產集散地，有一條約 200 公尺的老街。汶水地方雖小，卻有一種獨特的手工藝品，稱為「茶壽」，即稻草編織的茶壺保溫籠。

　　茶壽最早由附近法雲寺的常住師父設計，原始構想是將鳥籠裡的稻草編製鳥巢擴大，經汶水街上編製鳥巢手藝最巧的宋陳女士研究改良，稱為「茶窠」，就是「茶壽」的客語名稱。茶壽最早出現於法雲寺知客室，一度成為熱賣商品，後來電力開飲機普及，茶壽退居為懷舊民間藝術品。目前汶水仍保存其製作方式，並有成品出售，努力維繫住台灣民間手工藝的這一頁於不墜。

法雲禪寺

　　這是一座位於後龍溪與汶水溪交會處西岸高

地上的禪寺，因寺廟奠基地有如蓮花座上的護法祥雲而得名。法雲禪寺始建於 1913 年，係因大湖吳姓家族為撫慰與超度清代開墾當地時與泰雅族衝突傷亡的先靈，且為鎮壓附近狀如鷹嘴的鷂婆山而發起，在民俗信仰上具有特殊意義。

　　法雲寺面對大河，峰巒圍抱，昔日交通全賴吊橋與 1820 階的登山步道。今日聯外橋樑已改為水泥興築，稱為「彼岸橋」，過橋後車道坡陡狹隘，大客車無法通行，正可代表佛法修行需要的忍耐、毅力與定力。全寺建築包含三種型式，代表三個不同的時期。初建時為閩南式殿宇，1933 年重建為日式仿唐式殿宇，1981 年增建者屬當代寺廟建築。代表建築大雄寶殿採白牆綠瓦唐風式，為台灣日式佛寺代表作之一，並設有日式木造迴廊。庭園中松樹參天，波羅蜜結實累累，環境莊嚴清幽。大雄寶殿前方廣場面積甚大，視野開闊，可望見汶水溪谷、水尾坪、汶水老街、雪霸國家公園服務區與當年大有惡名的鷂婆山。

▌獅潭

　　從汶水沿台 3 公路北行，地形為縱谷，屬於苗栗縣獅潭鄉。這是一個安靜的山鄉，鄉內人口僅有四千一百多人，為苗栗縣人口最少且唯一居民未滿五千人的行政區，比山地鄉泰安鄉還少，可見其狀況。

　　雖然如此，獅潭卻有可觀之處。鄉內的特產是仙草與茶葉，獅潭街區有以仙草為號召的餐廳，仙草水餃、仙草麵條、仙草芋圓冰等皆備。溪邊有親水觀魚步道，餐後可散步。獅潭也是油桐樹密布的區域，擁有一些不被注意的賞桐花佳境，例如台 3 公路獅潭以北的百壽隧道旁翻山而行的舊公路，兩旁種滿油桐樹，開花季節漫步行於其間，將充分體驗油桐花在身旁紛飛墜落的五月雪風情。

▌三灣

　　這是苗栗縣東部台 3 公路上最北的鄉，境內山巒起伏，丘陵綿延不絕，山明水秀，小巧可觀，景色宜人。此鄉居民絕大多數屬客家族群，占全鄉總人口的 99%，為全台灣客家人口比例最高的鄉鎮，全鄉一派濃郁的客家風。

　　三灣也有老街一條，附近另有傳統步道數條，都整修得不錯，還有落羽松園區，皆可往訪。此地農產以梨著稱，而且品種較多，現在已經難得見到的傳統式粗梨，三灣仍有少量生產。到三灣選上兩三種不同的梨，現購現食，比較其風味，歡樂中帶著趣味。

◎ 附註說明

　　此路線若倒過來從北向南旅行，則可考慮從汶水轉到泰安溫泉住宿一晚，第二天出山，經大湖品嘗草莓後轉往卓蘭、東勢，全覽台 3 線公路

南段客庄風光；亦可在鯉魚潭水庫南岸右轉接苗52公路，再轉苗49公路，遊覽龍騰斷橋、勝興舊火車站等知名景點後返回。

　　從苗栗縣著名景區南庄有124公路翻山通往獅潭，途中經過仙山風景區。

　　獅頭山位於苗栗三灣鄉、南庄鄉與新竹峨眉鄉交界處，主峰標高492公尺，獅頭在苗栗，獅尾在新竹，有步道相連，是名聞全省的佛教聖地，早年名列台灣十二勝景之一。本路線大台北區來的旅客若從獅潭走124公路爬坡至南庄住宿，則第二天可以遊獅頭山後經三灣、峨嵋、北埔賦歸。

再訪獅頭山

獅嶺從頭覓舊遊

　　我坐在小汽車的駕駛座裡，右腳踩著油門，雙手握住方向盤。冷氣吹拂身上，警廣交通網播放的歌曲縈繞耳際，在北埔吃的客家菜午餐置於胃中，結縭二十四年的妻安坐身旁，眼簾垂下，似乎已經進入午睡的夢鄉。這是一個二十一世紀初始年頭夏日的午後，我以人生這個階段的方式，再次踏上往獅頭山之路。

　　公路蜿蜒進入新竹縣峨眉鄉的山區。我試著整理記憶中的場景，終於確定第一次去獅頭山是民國五十二年春季，第二次是五十七年冬天，第三次……

　　雪山山脈聳立在台灣北部，東坡陡峭，西坡比較平緩，有的地方會伸出小小的支稜。新竹、

苗栗縣界中段，就有這樣一條，長僅約五公里，卻呈現東南東—西北西走向，獅頭山正位在此處。從南方流來的中港溪，在這裡受到阻擋，左轉九十度，折向西流，到支稜末端三灣鄉後，逐漸進入平地。這種地理形勢，使得不論從新竹南望或苗栗北眺，獅頭山的一抹青翠，總在縱目所及，可見的遠方。

花新樹老幾經秋

新竹縣這邊的獅頭山登山口，舊地名叫做茅坪。這兒如今已無香茅，卻未能免俗的矗立著一座紅紅黃黃的大牌樓，旁邊有為數不多的幾個停車位。我把自己灰色豐田牌轎車停妥，一轉眼間，彷彿回到將近四十年前。那時，我搭的是一輛空軍總部的深藍色大巴士。

初二那年，老師宣布班上春季旅行要去獅頭山，還會在山上住一晚。一言既出，全班四十幾個和尚頭紛紛交頭接耳起來。離家出遊的興奮在旅行當天早晨，很快到達高點：我們神通廣大的老師，居然借來大書「空軍總司令部」字樣的交通車！神氣的空軍大車把我帶到茅坪，當年就從

這裡，開始登山。

　　穿過牌樓，狹窄的柏油路立刻開始爬升。這條四十年前還是青石板鋪成的道路，左傍深崖溪谷，右倚黃土山壁。溪谷對面，青峰翠嶺，重巒疊嶂。突出在對岸丘陵之上的，是竹東五指山（1062公尺）到鵝公髻山（1579公尺）一帶的崢嶸峻嶺。四周林相，堪稱優美，當初因為供應木炭原料而廣泛栽植的相思樹，近年以來失去經濟價值而得以保留，愈生愈多，愈長愈大。

　　爬上陡坡，經過一段號稱水濂洞的天然石壁凹入處，我又來到獅山古道這個方向的第一座廟宇——萬佛庵。民國五十二年那個光頭小男生平生第一次經過這裡，完全不曾停留；五十七年冬天，那個由小男生變成的大二青年，卻在此投宿過一宿。

摩崖點畫今方問

　　五十七年十二月底，天氣極冷。我大學歷史系班上為數不多的男生，決定不帶女孩子，自己出去逛逛，那個白晝甚短的冬日，五、六個人幾經轉折，從苗栗那頭到了獅頭山。走到最後，天

色漸暗，剛好看到萬佛庵的燈火，便饒存古意地叩門投宿。

用過素齋，夜幕四合，萬籟俱靜，只有寒雨敲窗的山中，正好聊天。照說一批主修歷史的人來到名山古剎，應該談些興廢得失、歷代掌故；可是那時青春的狂潮掩蓋一切，整晚的話題，從品評女同學轉到泡妞心得，完全離不開女孩子。最後某位陷入單戀的才子仁兄詩興大發，即席吟出「新詞」一闋：

> 唯恐山中一夜雨　化作情絲千萬縷
> 落日時分　總愛幻想　伊人密語
> 奈何今夕　獨望空階　悵然詠詩句
> 最苦天涯倦旅　竹風輕籟　頻奏相思曲
> 仰佛門　嘆紅塵雜念　何日悟空虛

拜服於他的才情，我把這詞抄錄下來，竟成為那次獅山之行的唯一紀念品，至於沿途勝景，記憶中已很淡薄。實際上，獅頭山古蹟很多，道路沿途，古寺絡繹不絕，更有舊日的摩崖石刻，坐落在山路最高點望月亭下不遠。今天，總算到

欣賞它們的時候了。

望月亭台昔未留

　　萬佛庵以上，山道蜿蜒曲折，一路升高。四十年前的那群小男生，喧囂嬉鬧著往前衝，往昔日的石板路上比賽起腳力來。說真的，想想還有點像樹梢來去如風的猴群。猿聲啼不住之下，已過萬重山，根本談不上尋幽攬勝，就連獅山古道的最高點望月亭，都未曾停留。

　　現在終究不一樣了。我和妻靜靜走著，可以感到腳踏在路上，山中的微風帶來一絲涼爽。我們很少說話，就讓山裡的空氣保持自然狀態，只有天籟流轉，而不以人的力量擾動它。

　　安靜的步行中，金剛寺、覺然塔、靈霞洞、海會庵、獅巖洞……不斷經過。山上的樹長大、變老了；山上的廟卻擴大、變新了，倒是望月亭畔新竹、苗栗縣的界碑亭亭佇立，一如往日的歡迎我再來。

蹬道重尋歧徑遠

　　獅頭山的最高點，標高 492 公尺，位於望

月亭西邊。我曾在地圖上看過，這次決心要登上它。從柏油路盡頭轉入分叉小徑，穿行在林野裡，妻隨手摘下的野生茶樹葉片，嚼來滿口生津。山頂其實也不遠，在世界上度過五十多個寒暑的我，這次終於踏上代表獅頭山之頂的花崗石質三等三角點，並且記下它頗為特殊的編號：國字 25 號。

然後就是下坡了。經歷百年歲月的石階引我下山，一路帶到著名的大岩壁旁。這片龐大的砂岩常使來往的遊客驚嘆，也吸引山寺的僧眾、信徒在上面勒石為記。作為一個現在才懂得從容造訪的愛山者，我靜立岩下，一筆一畫的將各種摩崖文字眼觀手指，臨摹一遍，才在自然與人文終能溝通的滿意中，繼續登上餘程。

簫聲一動滿山愁

岩壁以下，小徑分歧，我抱定有路必探的宗旨，把這一帶的凌雲洞、開善寺、舍利洞和幾座涼亭一一走遍。正在獅山歧徑，目不暇給之際，猛然一縷簫聲，從前方轉角處傳來。這如怨、如慕、如泣、如訴的樂音一旦發動，便一曲接一曲

的不肯終止，接引著我溯音而去。

　　獅頭山上的簫聲，來自最大廟宇勸化堂旁一間紀念品小店。店主不以吆喝招來顧客，只是不時從陳列的商品中抽出一支洞簫或橫笛，隨口為天籟添上一抹人籟。勸化堂畔聽洞簫，即使是下里巴人的曲子，竟也陽春白雪起來。

紅塵梗泛三千里

　　炎夏午後，古道上遊人稀疏，靜坐路旁，潛心聆聽這空山靈簫，竟使我的思緒，迅速在不同的時空中飄蕩。那個在空總交通車上，歡欣鼓舞奔向獅頭山的小男生，後來果然身穿藍軍服，頭戴船形帽，當了一年多的空軍少尉；那個在獅山夜雨裡，和同儕討論如何泡妞的青年，也成為一位女士的丈夫，兩個孩子的爸爸。

　　自從上次到過這兒以來，我也曾在舊金山的春日裡成婚，也曾在紐約的冬夜中凍醒；目睹過美國大峽谷、大陸九寨溝等等雄偉瑰麗的自然奇景；更在身不由己，不知所云的狀況下，白走了多少冤枉路，浪費掉多少光陰。

　　唯有沉澱心底數十年的青山，未曾改變。

總為當年不識幽

青山依舊在，夕陽卻已逐漸紅了。

在以「勸人向化」命名的佛堂前廣場憑欄下眺，斜陽裡的中港溪波光粼粼，苗栗縣南庄鄉一帶的村舍星羅棋布，鑲嵌在丘陵和田野間。一縷早生的炊煙，居然在這二十一世紀的傍晚，從獅頭山下冉冉上騰。

妻提議循原路回去，為的是趁著有限天光，從另一角度再看一遍獅山古道，我欣然贊成。走著走著，才具平庸如我，也發現醞釀近四十年，有些感覺終於化成詩句，道出此次的再訪獅頭山：

獅嶺從頭覓舊遊　花新樹老幾經秋
摩崖點畫今方問　望月亭台昔未留
蹬道重尋歧徑遠　簫聲一動滿山愁
紅塵梗泛三千里　總為當年不識幽

（按，此文寫於 2001 年，曾發表於《中國時報　人間副刊》）

921震災紀念
與霧峰開發之旅

台灣的開發並不容易。這座島嶼天災不少，颱風與地震尤其劇烈，在天災之下，能化荒野為良田，不斷重建並更新被天災毀損的家園，更是先民不斷努力的結果。台灣島的開發已歷經四百多年，921大地震也已過去二十餘年，本次旅程選擇造訪台中市、南投縣交界處的地區，以示追憶先民、毋忘震災，並一睹當代中台灣著名的清水混凝土建築。

行程

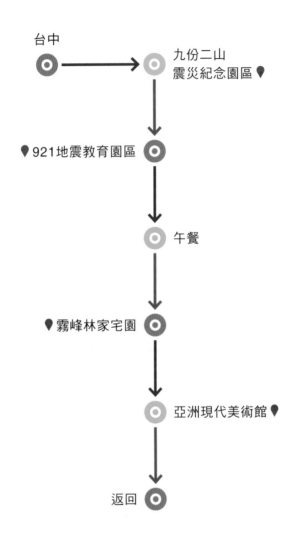

台中

九份二山
震災紀念園區

921地震教育園區

午餐

霧峰林家宅園

亞洲現代美術館

返回

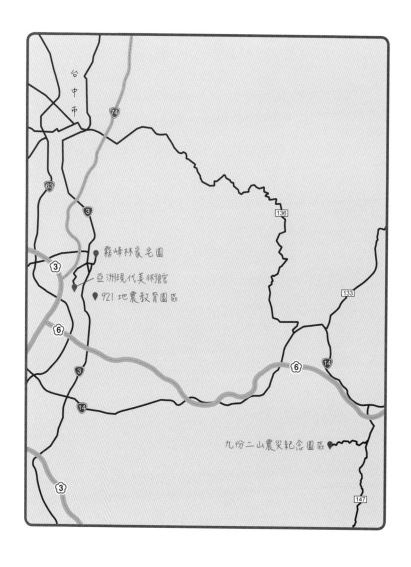

九份二山・霧峰 ▎265

九份二山震災紀念園區

1999 年 9 月 21 日，台灣發生芮氏規模高達 7.3 的 921 大地震，震央在南投縣九份二山，威力相當於 46 顆廣島級原子彈的能量，災區廣大，損失慘重。九份二山經地震重創後，高度徒降約 400 公尺，坍塌區達 180 公頃，並形成澀仔坑湖與韭菜湖二座堰塞湖。

921 地震過去多年，為警惕防災，震央附近受損最嚴重的區域，即九份二山已規劃為震災紀念園區，保留地震時留下的景象。當時地震驚人的威力，現在仍可以在此追尋體驗。探訪此地，使人防災的觀念油然而生。

九份二山震災紀念園區 921 地震遺留的深刻景觀包括：

921 紀念碑

敘述地震在九份二山附近造成的傷亡和影響，以及政府採取的應變措施等。

氣爆點

921大地震的震央所在。地震時有大量氣體從這裡沖出，發生強烈爆炸，破壞嚴重。今日一眼望去仍然盡是巨大的土黃色岩石和斷崖峭壁，沿路的檳榔樹因為當時土地的位移而傾斜。爆發點上留有民居殘破的紅色屋簷，令人感觸面對大自然時，人類的力量是多麼微弱。

巨石堆

地震將許多大石塊震走，有的在地震爆發的強大威力下，飛躍數百公尺之遠，最後落到現在的位置，停止後它們堆積的區域稱為巨石區。附近在地震中坍塌的山壁，上面全無樹木，露出內部的土石，只有一些小型的草本植物相伴。

傾斜磁場屋

此屋原是當地朱姓居民所住之屋舍，因地表滑動影響而傾斜。進入此屋時，因人體內耳平衡覺器官會和正常視覺經驗、地心引力經驗相衝

921 地震教育園區

突，導致人發生輕微暈眩感。當地居民將這種現象解釋為屋內特殊磁場作用的結果，將此地稱之為「磁場屋」。

▌921地震教育園區

921大地震中，台中縣霧峰鄉光復國中下方發生斷層錯動，導致校舍倒塌，河床隆起。地震過後，此地由地震造成的地貌保持完整，便將光復國中原址改建為「地震紀念博物館」，以保存地震原貌、記錄地震史實，提供社會大眾及學校有關地震教育之教材與體認場所。

園區內有「車籠埔斷層保存館」、「地震工程教育館」、「防災教育館」、「影像館」等展館，新建築外觀與地形配合，在室內即可看見車籠埔斷層的面貌；地震工程教育館則保留部分遭地震毀損的光復國中舊校舍，以實例說明地震的威力與建築物可能損壞的狀況。來此參觀，一方面可以得到耳提面命的防災指南，一方面也上了一堂

霧峰林家宅園一大花廳

地球科學的課。說實在話，作為地震帶上面的住戶，每個台灣居民都應該至少來這裡一次，多了解地震一些。

霧峰林家宅園

台灣五大家族之一的霧峰林家發跡於阿罩霧，即今台中市霧峰區。林氏家族在霧峰的園林與宅邸建築群，總稱「霧峰林家宅園」，由頂厝、下厝及萊園三大部分組成。「頂厝」、「下厝」為霧峰林家的兩個分支，「萊園」則是由頂厝系興建的庭園，當地居民俗稱為「林家花園」。

921 大地震時，林家宅邸與萊園損失慘重。經行政院九二一震災災後重建推動委員會撥款，已由台中縣文化局完成五部分復原重建工程。

園區內頂厝系統的舊日宅邸有：

蓉鏡齋

頂厝系統最早的建築，原為草屋型式，1887

年改建，作為私塾學堂之用，稱為蓉鏡齋。這是有山門設計的單一院落建築，西方入口仿孔廟之制設置半月池，在日本統治時期仍教授漢文及中國古典詩學。

景薰樓

住宅樓，在 1864－1899 年陸續興建。1915 年台中地震，景薰樓建築群受創，1930 年重修，重修後帶有日式風格。

頤圃

遊賞區與貴賓招待所，因遍地植菊而得名。興建於日本統治時期，為日本式建築，屋瓦用日式黑瓦，浴室為日式柴燒浴缸，地下室曾闢為舞池；但保留中國式三合院的基本形式。

下厝系統的舊日宅邸有：

宮保第

清朝統治後期霧峰林家下厝出身的武將林文察屢立戰功，卻在福建漳州對太平天國軍作戰時陣亡，清廷感念其英勇，下詔追贈「太子少保」榮銜，故其宅第稱為「宮保第」。

這是台灣的大型閩式官宅，擁有十一開間（兩枝柱子間的空間）、五進深（大門內另有門，內門裡面的區域），十分氣派。裝飾皆富有中華意象與風水符號，例如地磚為六角形，狀似龜殼，諧音「歸」，代表希望出外征戰、考試或經商的家人都平安歸來。現在台灣各地保留的清朝官員宅第多為文官宅，武官宅為數甚少，宮保第無疑位居第一，更應該是僅有的高階武官宅邸。

大花廳

為林家宴客與看戲的空間，設有台灣僅見的福州戲台及觀眾席，過去還有林家專屬的子弟戲班，成為林家鼎盛時期的象徵。

二十八間

與宮保第同時興建，作為軍隊、鄉勇駐紮的場所，共 28 隔間，因此得名，包括馬廄、軍隊辦公室、營房等，是台灣官員宅第中極為少見的營房配置。今日還可以看到古代的軍旗、武器等展出。

萊園

林家的休養、休閒園區，取老萊子彩衣娛親典故，命名為「萊園」，位於明台中學校園內。萊園歷經數代興建，初建時為閩南式風格，後來加入江南庭園與西洋建築特色，包括巴洛克式大門、水池中的戲台、兩層的小洋樓以及林家墓園等，可謂百餘年來台灣建築史的縮影。

1911 年林氏族長林獻堂曾在萊園接待梁啟超。日本統治時期萊園是台灣著名漢文詩社「櫟社」的聚會所，也是台灣教育、文化、政治、社會運動的重鎮，台灣文化協會舉辦的「夏季學校」即在此上課。

亞洲現代美術館

　　亞洲大學位於霧峰，校園內有一座「亞洲現代美術館」，其建築甚著名聲。美術館建築主體由世界聞名的日本建築師安藤忠雄設計，以「環境、建築、人三者平衡」為設計理念、正三角形為設計基本元素。建築主體將正三角形的平面分

亞洲現代美術館

割成三個樓層，錯落堆疊成不規則的無數個三角形，又將經平移產生的天井空間和戶外平台作為雕刻台、露天咖啡座等。全館結構以清水混凝土與帷幕牆構成，為清水混凝土建築典範。亞洲現代美術館舉辦各項藝術展覽，每年更換數次。在專業經營下，已成為台灣中部重要的美術館與指標性建築之一。

◎ 附註說明

本行程若設計為一日行，從台北、新竹、高雄等地出發，可早晨搭乘高鐵至台中站，再租車自駕或包遊覽車前往，以節省時間。

紀念 921 地震區域多屬山區，道路狹窄陡峻，大型遊覽車難以進入，請注意。

霧峰林家宅園分為幾個區域，皆可預約導覽。

附錄

行前須知與準備工作

　　面對一個充滿多樣性的島嶼，在台灣旅遊，必要資訊、準備工作與注意事項等等，都應該在行前預先取得做好。茲說明如下：

一、天氣狀況

　　台灣位於太平洋西岸副熱帶季風氣候區，氣候受到各種因素的影響，展現不同的天氣狀況：

❶ 緯度影響

　　緯度愈高，氣溫愈低，故台灣北部平均氣溫比較低，高山在嚴冬時可能飄雪。南部氣溫較高，近似熱帶，才有「恆春」這樣的地名與椰子樹夾道成排的景觀。

❷ 地形影響

地勢每升高 100 公尺，氣溫降低約攝氏 0.6 度，例如約 1000 公尺高的山區，氣溫會比平地低約攝氏 6 度；故登山需要考慮保暖，而夏季炎熱時，可以去山區避暑。

❸ 陽光影響

向陽處溫度較高，使人冬季感覺溫暖，夏季感覺炎熱，也較為乾燥，背陽處則相反。台灣的山脈常見南北走向，這類山脈兩側，東坡上午日照，西坡下午日照；東西走向的山脈，南坡日照充足，北坡屬於陰面。

❹ 風的影響

風力愈強，體感溫度愈低，故冬季在強風區須考慮保暖，夏季行走在有風的路上則較為舒適。台灣夏季通常吹西南季風，風力較弱，但帶來暖濕的氣流，午後容易下雨；冬季通常吹東北季風，風力較強，帶來寒冷氣流與小雨，使基隆、北海岸、台北等地又濕又冷，新竹以南才漸漸有陽光，嘉南平原沿海地區則北風強勁。地形又可能增加風勢，高速駕車或騎車時，須注意強勁側風常使車輛偏滑。

❺ 雨的影響

台灣是多雨的島嶼，但愈向西南雨量愈少，東北部則雨量與雨日都多。冬季東北半部往往陰冷有小雨，西南半部則晴朗溫暖；夏季各地都可能出現午後雷陣雨，短時間內雨勢強烈，尤以山區為最。台灣每年約 5 月後半至 6 月中是梅雨季，天氣晴朗的時間較少，安排行程請注意。雨後初晴的日子道路可能仍有積水或泥濘，濕滑難行，又是各種野生動物，尤其是蜂類與蛇類展開活動的時候，反而較不適宜深入野地。

❻ 一天中的變化

台灣山區夏季往往上午陽光明亮，中午以後變天，風起雲湧，大霧瀰漫，攀登高山或在山區駕車時應特別留意。

❼ 特殊強烈天氣變化

台灣天氣愈熱時，愈有可能出現雷雨和颱風。在野外遇到雷雨，應避免停留在大樹下、山頂、稜線上，以防雷擊。釣魚時潮濕的碳纖維釣竿可能導電，也應注意。台灣 4－11 月間都可能有颱風，以 7－9 月間最多。颱風期間應避免外出，若已經在颱風警報區內的山區、海濱，應儘

速離開，不可逞強。

二、潮汐與海岸狀況

　　台灣四面環海，海岸線超過 1000 公里。海岸地區每接近 23 小時就有潮汐循環一次，漲潮、退潮各占一半時間。漲潮、退潮達到頂點時海水平靜，然後再開始反方向流動。每個陰曆月的朔望（無月及滿月）時潮汐最大，稱為大潮，上弦月及下弦月時潮汐最小，稱為小潮。潮汐與海岸地區活動息息相關：

❶ 沙岸地區

　　沙岸通常海底較為平緩，漲、退潮較不明顯，但退潮時潮水流向外海，可能將人帶走，游泳或戲水應當心。赤腳行走要注意沙灘上的異物，例如尖銳的貝殼、碎玻璃，甚至被棄置的針頭。

❷ 岩岸地區

　　岩石長期被海水浸泡沖刷，還可能生長海藻，十分滑溜，潮濕的礁石更加厲害。在礁石區摔倒可能後果嚴重，故應穿防滑力強的鞋，並注意腳步，避免滑跤，更不可任意在礁石上跳躍。

岩岸的海浪撞上岩石造成浪花，景色壯麗；但漲潮時水勢洶湧，直接衝擊下可能把人擊倒，突出的岩石則可能被漲潮海浪包圍，應注意及時退出。

❸ 長浪

從其他海域傳來的浪稱為「長浪」，通常由強烈低氣壓如颱風造成。突然出現的長浪稱為「瘋狗浪」，非常危險。故不應進入有長浪預報的海邊，尤其是岩岸或港口防波堤上。

三、野生動植物狀況

台灣多樣化的自然環境造成多樣化的野生動植物。在野外旅行時，最好具備一些動植物的基本知識，懂得基本的辨認，才能一方面好好欣賞，有所收穫，一方面避開危險，安全回家。

❶ 植物

台灣野外大部分地區植物茂密，有些可能造成不便或傷害，例如菅芒（五節芒）的葉片邊緣非常銳利，劃過皮膚就是一道血痕；美麗的大花曼陀羅以毒出名，吃下去可能致死，即使皮膚接觸到，都有可能中毒，出現幻覺；冬季紅豔可

愛的聖誕紅，莖折斷時流出白色乳汁，接觸到也會使皮膚發癢。野外的植物，除非完全認識，絕不可以隨便放入口中，例如姑婆芋是最有名的毒芋，還在新聞中出現過；海檬果在海邊、公園中常見，毒性強烈。一種植物即使某部分可食，甚至是日常食物，其他部分卻可能有毒，例如馬鈴薯與番茄的葉子就絕對不可食用，千萬不要拿可食的番薯葉來類比。

❷ 陸生動物

台灣近年環境保護漸有起色，不少野生動物族群逐漸恢復，野外旅遊時遇到野生動物的機會增加，應該了解如何面對與處理。台灣野外最常遇到的哺乳類動物應該是松鼠，山區也可能碰到獼猴，鳥類也很多。這些野生動物或許看起來可愛，卻仍然具有野性，在野外遇到，靜靜觀賞就好，不要撫摸、餵食、打鬧甚至捕捉，這樣可能觸犯法律，也可能給自己帶來危險，例如烏鴉就是會記仇的鳥類，丟石頭打牠將遭到鴉群飛啄的報復。

爬蟲類方面，蛇類一向讓人聞之色變，見之慌亂，其實人怕蛇，蛇也怕人。台灣固然毒蛇種類不少，現在遇到的機會也比以前多，但只要安

靜地讓牠通過，基本上不會有問題；倒是我曾在台北附近的山區見到過一條眼鏡蛇，頸部背面竟然沒有斑紋！牠必然不是本土種，推測應該是埃及眼鏡蛇，經由走私進口，後來因為逃脫或被放生而出現在此地。這種外國毒蛇本地沒有抗毒血清，極端危險，與山區成群的流浪狗一樣，都是現在必須重視並立即處理的環保問題。

在台灣野外也可能遇到蜂類，以虎頭蜂、胡蜂最為兇猛，而且會一窩蜂式地攻擊，絕不可以去招惹牠們。在野外活動，遇到蜂類繞身嗡嗡飛舞，表示離蜂巢已經很近，應該撤退；如果繼續前進，有蜂向人身上撞時，表示攻擊即將開始，此時必須安靜地迅速退回，切不可以尖叫、揮動衣物撲打，那只會使攻擊立刻發動。

❸ 水生動物

有些魚類有毒，例如魟魚尾巴上有一根毒刺，毒性極強；臭肚（象魚）的背鰭硬棘也有毒；溪流中的石賓魚肉可食，但卵有毒，切勿食用。潮間帶的海生動物有些有刺或有毒，例如海膽的刺若刺進肌膚，會造成紅腫不適；許多水母的觸手有毒；芋螺有毒針，毒性強烈，可能致人於死；海蛇當然更是不碰為宜。

野生動物的分布有時會出現有趣的現象，值得在野外活動時注意觀察，可以印證書本上的知識，也使旅遊深度大增。例如觀察到一處河流或池塘只有吳郭魚存活，就表示該地水體汙染很嚴重；假使連吳郭魚都大量死亡，則水體必然極端缺氧或剛剛遭遇毒物混入。又如台灣島大致從花蓮太魯閣到屏東楓港畫一條線，線的西北屬於鵯科小型鳴禽白頭翁的區域，線的東南屬於同科小鳥烏頭翁的區域，二者交界處則有雜交現象，會出現「雜頭翁」。還有近年因全球暖化，台灣的氣溫隨之升高，喜歡溫暖的動物分布區擴大。五、六十年前，台灣北部的壁虎是不會叫的，南部的才會；但現在會叫的壁虎也出現在北部了。

四、道路資訊

依照交通部公路總局的資料，台灣地區的公路有四種：

(1) **國道**：高速公路或快速公路。高速公路編號為 1-10，標誌如 ①，即國道 1 號；快速公路編號為 62-78，如 ⑦⑧，即台 78 線。

(2) **省道**：聯絡二縣（市）以上、直轄市（省）

間交通及重要政治、經濟、文化中心的主要道路，標誌如 ③，即台 3 線省道。

⑶ **市道**：聯絡直轄市（縣）間交通及直轄市內重要行政區間的道路，標誌如 106，即市道 106 線。

⑷ **縣道**：聯絡縣（市）間交通及縣與重要鄉（鎮、市）間之道路，標誌如 竹22，即在新竹縣的道路竹 22 線。

各種道路都有編號，編排及里程計算方式為：

⑴ **東西方向路線**：由北向南依次編為雙號，各線由西向東計算里程，即里程數愈少愈接近該道路的西端，愈多愈接近該道路的東端。台灣最北的省道是台 2 線，貼著北海岸而行；最南的市道是 200 線，連通恆春地區與南迴公路。

⑵ **南北方向路線**：由西向東依次編為奇數，各線由北向南計算里程，即里程數愈少愈接近該道路的北端，愈多愈接近該道路的南端。台灣的 1 號省道排在最西邊，11 號省道在最東邊，貼著花蓮到台東的太平洋岸前進。

(3) **支線路線：** 應有一端與主線公路相連，並以原路線號碼附加天干文字或數字號碼編列，如台 7 甲線就是北部橫貫公路的宜蘭支線。

其他尚有一些特殊道路，編號也特殊，例如農業用道路會在號碼前有一「農」字。

在道路上看到的標示牌，政府設立者，方形綠底白字的是指示標誌，三角形紅框或直長方形黃色的是警告標誌，方形棕底白字的是景點標誌，方形藍底白字的是政府機關標誌。

原則上平地的省道較為寬闊平直，市道、縣道可能較為狹窄彎曲，但也不能一概而論，例如北、中、南三條橫貫公路屬於省道，在山區許多路段卻都狹窄彎曲，駕車、會車都必須小心。台灣的公路有些路段無法通行大型遊覽車，若租遊覽車旅遊，擬妥路線後請先跟遊覽車公司與司機協調確定。

附帶提醒

台灣公路、鐵路行進不同邊。台灣公路採用美國規制，車輛靠右行駛；鐵路卻保留日本規制，雙線鐵路區段火車靠左行駛。在通過雙線鐵

路平交道時應注意，接近自己的一組鐵軌上的火車是從右手邊來，通過時非常接近公路車輛與行人，闖越雙線平交道的意外事故大多是被右邊近軌來的火車撞到。

五、裝備

基於上述各種自然環境的狀況，出遊時不宜與在都市中生活同等對待，而應該採用適合野外環境的裝備，西裝革履油頭粉面、小禮服高跟鞋香氣襲人就留待晚宴、夜總會吧。

❶ 衣著

以輕便易於活動為主，隨季節與高度增減調整。明亮色的衣服目標較為顯著，而且較不容易招惹野蜂，例如虎頭蜂一般對白色較光滑的表面沒有敵意。若在草木茂密區域活動，應穿長袖上衣、長褲，備手套，戴帽子，並做預防蚊蟲的準備；野外旅遊不可以使用香水或帶有花果香味的化妝品，以免招蜂引蟲。陽光強烈時應注意防曬。

❷ 資訊與通訊

現在幾乎全靠手機，故手機應下載地圖、GPS

系統、指南針，出發前應先行充電或攜帶備用電源。同行夥伴最好有不同電信公司的門號，因為山區野外基地台稀疏，不同公司的電話可收互補之效。

❸ 飲食

台灣餐館密布，隨地都有，但外食的口味往往較重，調味料較多，加以天氣炎熱的時間很長，故飲水非常重要，應隨身攜帶，而且以純水為宜，這樣才能解渴，是喝含糖飲料、咖啡、茶、啤酒等都辦不到的。夏季流汗很多時，水中可以略加鹽分。若在野外活動的時間較長，應隨身攜帶一些高熱量的食物如巧克力、牛奶糖等，隨時調整血糖，補充體能；但沒有吃完的食物，尤其是含糖量高的糕點糖果等，必須立刻包裹收妥，避免氣味外洩，引來蜂群這樣的不速之客。

六、景點季節特色與開放時間

某些景點具有季節特性，在一年中特定的季節，才能看到最具代表性的景色。例如乾季的河流、水庫水位低，瀑布流量也小，到雨季才壯觀；薔薇科的花如梅花、桃花、櫻花、杏花、梨

花等都在春天先後開放，夏天只能看見綠葉成蔭；新竹新埔的曬柿僅在秋冬時刻；欣賞草嶺古道的芒花，當然得在秋天。

一般展覽場館甚至某些商店都有休息日期，通常周一最多，周二也有，出發前應探聽清楚，以免撲空。

七、自行發現景點與旅遊路線

每個人的喜好不同，著重點也不一樣，喜歡到怎樣的地點旅遊，自己心裡都應該有個底。所以景點與旅遊路線其實可以自己開發，也應該自己開發。現在謹提供筆者開發景點與旅遊路線的幾項經驗，供大家參考：

(1) 打開地圖，找一處從未停留過的鄉鎮，就到那地方去，自己發現這個鄉鎮，賦予它對自己的意義。我對雙溪鎮、竹東鎮、公館鄉等地的認識，就是這樣來的。

(2) 打開地圖，找一條從未駕車、騎車經過的公路，就到那裡去，自己發現這條公路和它經過的地方，賦予它們對自己的意義。我曾用這種方式到過 118 號縣道、193 號

縣道、台13線省道等公路，都收穫良多。

(3) 若有特別喜歡的景點類型，可以上網搜尋，排列出目標，再依次自行規劃前往，這樣日積月累，您將成為這方面的專家。例如水庫、瀑布、露營區、水果產地、圳道、古碑、舊日軍事設施等主題，都可以比照辦理。

祝各位的旅遊既有深度，又有廣度，身體健康，心情愉快，從此不斷在台灣各地旅行探訪，真正了解這座島嶼，愛上這個地方。

台灣各地變動快速，本書介紹的路線、景點、展覽館、餐廳等及所附的插圖，其實況都可能隨時間推移而有變化，這是紙本書無法避免的宿命；然而本書所選擇、敘述與保留的，正是21世紀初年台灣北部的深度旅遊狀況。希望將來在台灣的發展史中，這本書、作為讀者的您與本書文字及圖畫的作者，都會有一席之地。

作家作品集 103

一日深遊北台灣：20 條精選路線

作　　　者——葉言都
插　　　畫——郭正宏
主　　　編——何秉修
企　　　劃——陳玉笈
封面設計——許晉維

總 編 輯——胡金倫
董 事 長——趙政岷
出 版 者——時報文化出版企業股份有限公司
　　　　　　108019 台北市和平西路三段 240 號 7 樓
　　　　　　發行專線｜02-2306-6842
　　　　　　讀者服務專線｜0800-231-705
　　　　　　　　　　　　　02-2304-7103
　　　　　　讀者服務傳真｜02-2304-6858
　　　　　　郵撥｜1934-4724 時報文化出版公司
　　　　　　信箱｜10899 臺北華江橋郵局第 99 信箱
時報悅讀網——http://www.readingtimes.com.tw
時報文化臉書——https://www.facebook.com/readingtimes.fans
法律顧問——理律法律事務所 陳長文律師、李念祖律師
印　　　刷——華展印刷有限公司
初版一刷—— 2022 年 9 月 9 日
定　　　價——新臺幣 450 元

時報文化出版公司成立於一九七五年，
並於一九九九年股票上櫃公開發行，二○○八年脫離中時集團非屬旺中，
以「尊重智慧與創意的文化事業」為信念。

一日深遊北台灣：20 條精選路線/葉言都著.
-- 初版. -- 臺北市：時報文化出版企業股份有限
公司, 2022.09
面；　公分. -- (作家作品集；103)
ISBN 978-626-335-772-3(平裝)

1.CST: 臺灣遊記

733.6　　　　　　　　　　　　　　111012062